나를 말하는

1인칭
영어 표현들

이지연

이지연 영어연구소 소장
미국 남가주대(USC) 영어교육학 TESOL 석사
'93–'98 L.A. RADIO SEOUL 영어 한마디 진행자
2002 월드컵 조직위원회 외신 보도 과장
REUTERS NEWS AGENCY SEOUL 월드컵 Logistics Manager
2005–현재 영어교재 100여권 저술가 및 강연자
에세이 작가

도표와 이미지 출처 셔터스톡(shutterstock)

나를 말하는 1인칭 영어 표현들

지은이 이지연
초판 1쇄 인쇄 2024년 5월 27일
초판 1쇄 발행 2024년 6월 7일

발행인 박효상　**편집장** 김현　**기획 · 편집** 장경희, 이한경　**디자인** 임정현
마케팅 이태호, 이전희　**관리** 김태옥

기획 · 편집 진행 김현　**교정 · 교열** 안현진

종이 월드페이퍼　**인쇄 · 제본** 예림인쇄 · 바인딩

출판등록 제10–1835호　**발행처** 사람in
주소 04034 서울시 마포구 양화로 11길 14–10 (서교동) 3F
전화 02) 338–3555(代)　**팩스** 02) 338–3545　**E-mail** saramin@netsgo.com
Website www.saramin.com

책값은 뒤표지에 있습니다.
파본은 바꾸어 드립니다.

ISBN 979-11-7101-079-0 13740

우아한 지적만보, 기민한 실사구시 사람in

나를 말하는 1인칭

ENGLISH EXPRESSIONS
FOR DESCRIBING MYSELF

영어 표현들

이지연 지음

사소한 습관부터
형이상학적 생각까지
'나'를 말할 때 필요한
영어를 다 모으다!

사람in

ENGLISH

문화적 정서 차이가 있어서 영어를 사용하는 미국, 영국, 캐나다인의 대화 방식은 우리와 다르다. 에둘러 말하기보다 좀 더 직접적이다. 영화를 보면 엘리베이터에서 처음 만나는 사이인데도 자연스럽게 웃으며 인사하고 사적인 이야기까지 나누는 장면들이 자주 나온다. 이런 대화의 중심에는 '자기자신'이 있다. 그래서 영어를 말할 때 나를 잘 표현하는 것이 중요하다. 물론 나를 잘 표현해야 한다고 해서 아무거나 다 말할 수 있는 것은 아니다. 금기시되는 것도 있다. 내가 먼저 스스로 말하지 않는데 상대에게 나이, 월급, 몸무게 등 극히 사적인 것은 질문하지 않는다. 다만, 그런 질문을 받을 때 대답하는 표현은 알고 있어야 한다.

겸양을 미덕으로 아는 우리나라에서는 (지금은 달라지고 있지만) 자기자신에 대해 말하는 것이 참 익숙하지 않다. 오죽하면 나도 나를 모른다는 유행가 가사가 있을 정도이다. 이렇게 모국어로도 익숙하지 않은데, 하물며 외국어로 말하려 하면 말문이 막힐 수밖에 없다. 그래서 나에 대해 말하는 훈련이 필요하다.

이렇게 자기자신인 나(I)에 대해 말하는 훈련을 하면 뭐가 좋을까? 첫째, 갑자기 훅 들어오는 질문에 당황하지 않고 답할 수 있다. 질문을 던졌는데 답이 없으면 대화는 그걸로 끝이다. 소통의 기본이 질문과 답변이니 당연하다. 하지만 맥락에 맞는 표현을 골라 말하면 자연스럽게 대화를 이어갈 수 있다. 둘째, '나'를 중심으로 한 스토리에 몰입하다 보면 문법이나 암기에만 의존할 때보다 영어가 더 자연스러워지고 빠른 시간 안에 실력이 향상된다. 셋째, 영어로 '자신에 대한 이야기'를 하다 보면 상대방과 유대관계도 더 깊어진다. 영어권에서 자신에 대해 이야기한다는 건 자신이 진정으로 어떤 사람인지 카드를 꺼내 보여주는 것과 같다. 언어는 관계를 완성해 나가는 수단이며, 지금처럼 전 세계 사람들과 소통할 수 있는 시대엔 '나'를 영어로 제대로 어필하는 것이 특히 더 중요하다.

우리와 영어권 사람들의 대화 방식은 다르지만 결국 계속 대화를 나누다 보면 서로의 대화 방식에 동화되기 마련이다. '나'를 제대로 말하는 것, 나의 정체성을 보여주고 당당하게 국제사회에서 나로서 살아가는 것, 영어는 이런 '나'라는 사람의 자아 성장과 정립 과정과도 연관이 있다.

미국에 거주하던 시절, 한번은 추수감사절에 미국인 친구 랠프(Ralph Gervasio)의 가족 모임에 초대받아 간 적이 있다. 그날 우리의 대화 주제는 '개'였다. 자신이 키우던 개 이야기, 얼마 전 안타깝게 죽은 아는 사람의 개 이야기 등, 개에 대한 각자의 이야기 보따리를 세 시간은 풀어 놓은 것 같다. 서로 공감할 수 있는 주제를 찾아내어 돌아가며 각자의 관련 경험을 이야기했던 그 시간은 전혀 지루하지 않고 몰입감도 높았다. 상대의 생각을 이해하는 데 많은 도움이 되기도 했다. 그때 내가 가진 경험을 영어로 잘 풀어내지 못했다면 그런 경험과 좋은 인상을 받을 수 있었을까? 늘 내가 어떤 사람이고 어떤 생각을 하고 내 주변을 영어로 표현하고자 했던 노력의 효과를 실감할 수 있던 좋은 기회였다.

영어로 유창한 대화를 나누고 싶고, 영어권 사람들과 사적 대화의 기회가 생겼을 때 그 시간을 정말 즐기며 주도해 가고 싶은 이들에게 도움을 주기 위해 이 책을 썼다. 자신에 관한 표현법을 배우는 이 시간이 자신도 몰랐던 뜻밖의 진짜 '나'를 발견하는 시간이 될 수도 있다. 나를 표현하는 다양한 문장을 접하는 이번 기회가 독자 여러분의 영어 실력 향상에 큰 도움이 되길 바란다.

'나'의 인생 중심이 '나'이길 바라며….

이지연

이 책의 구성과 특징

〈나를 말하는 1인칭 영어 표현들〉은 나를 설명하고 묘사하는 데 필요한 영어 표현을 다룹니다. 가장 가까이의 가족부터 시작해 소중한 사생활과 일상, 현재 처해 있는 상황과 나만의 생각과 사상을 드러낼 수 있게 말이지요. 그래서 책의 모든 표현은 I, My 혹은 좀 더 폭을 넓혀 We로 시작합니다.

표현을 읽다 보면 내 모습을 그대로 담은 문장도, 내 모습과는 정반대인 문장도 나올 거예요. 나와 상관없는 문장이라고 내치지 마세요. 여러분 주위의 사람들이 그런 문장을 말할 때 이해할 수 있는 소중한 자료가 됩니다.

〈나를 말하는 1인칭 영어 표현들〉의 구성은 다음과 같습니다.

원어민 성우가 정확한 발음으로 녹음한 파일을 여러 번 들으세요.

소주제로 분류해 찾아보기 쉽습니다.

영어 표현-우리말 표현,
영어 문장-우리말 해석 순입니다.
필요할 경우 추가 해설을 달았고,
장기 기억을 위해 이미지를 수록했습니다.

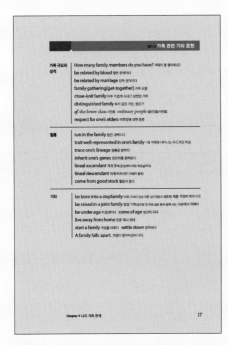

유닛마다 관련 기타 표현을 넣어
의미 확장을 돕습니다.
앞에서 배운 영어 표현에
여기 단어를 활용하면
영어가 무한대로 확장됩니다.

학습 TIP

+ 〈나를 말하는 1인칭 영어 표현들〉은 처음부터 읽지 않아도 됩니다. 외국인과 이야기할 기회가 많은 분들이라면 가장 많이 대화하는 주제 부분부터 읽으세요. 책에 수록된 표현들은 어느 외국인과 얘기하더라도 무난한 수준의 어투와 표현이라서 예의 없게 보이지 않을까 하는 우려를 지워 드립니다.

+ 눈이 피곤하다면 듣기만 해도 좋습니다. 남이 아닌 나를 말하는 것이라 현실감이 높고, 귀에도 쏙쏙 잘 들어옵니다.

+ 마지막으로 혼잣말하기를 강력 추천합니다. 아무도 보는 사람이 없으니 편하게 혼잣말하듯 말해 보세요. 자신이 책에 나오는 행동을 하거나 상태에 있을 때, 혼잣말하면서 연습하면 학습 효과가 훨씬 높아집니다.

목차

Chapter 3 나의 일상 My routine

Chapter 4 나의 삶 My life in general

Chapter 5 내 인생의 낙 Pleasures in my life

Chapter 6 나의 감정과 생각 How I feel and think

Chapter 7 나의 사상과 관념 My views and ideas

I

CHAPTER 1

나의 가족
My family

ENGLISH

001

가족 규모/ 가족 구성원

(가족 규모) 001-1

There are + 숫자 + people + in one's family 가족이 ~명이다

💬 There are six people in my family, and we all live together.
우리 가족은 여섯 명이고 다 함께 살아요.

Cf. How big/large is your family? 가족이 얼마나 되나요?
How many people are there in your family? 가족이 몇 명이에요?

nuclear family 핵가족

💬 I come from a nuclear family—my mom, dad, younger sister, and me.
전 핵가족 출신이에요. 엄마, 아빠, 여동생 그리고 저예요.

large[big, extended] family 대가족

💬 There are many benefits to growing up in a large family.
대가족 안에서 자라는 것엔 이점이 많아요.

multigenerational household 다세대 가정

💬 I grew up in a multigenerational household.
전 3대 이상이 모여 사는 가정에서 자랐어요.

joint family 결합 가족(조부모, 삼촌, 숙모, 사촌들이 한 집에 사는 가족 형태)

💬 I have a joint family of 12 members.
전 12명이 같이 사는 대가족이에요.

Cf. blended family 혼합 가족(재혼 부부가 이전 결혼의 자녀 및 재혼 후 낳은 자녀와 함께 사는 형태)

14

가족 구성원

have + 숫자 + children
자녀가 ~명이다 (둘 이상일 때. 한 명일 때는 have one child)

💬 My husband and I have two children:
one boy and one girl.
남편과 전 아이가 둘인데, 아들 하나 딸 하나예요.

Cf. How many children do you have? 자녀가 몇 명인가요?

숫자 + years old (나이가) ~살인
💬 My daughter is 3 years old, but she is still not
potty-trained.
제 딸이 3살인데 아직 대소변을 못 가려요.

have twins/triplets/quadruplets
쌍둥이/세 쌍둥이/네 쌍둥이가 있다

💬 I have triplets, and my sister has quadruplets.
전 세 쌍둥이가 있고, 언니는 네 쌍둥이가 있어요.

Cf. identical twins 일란성 쌍둥이   fraternal twins 이란성 쌍둥이

live with ~와 함께 살다, ~를 모시고 살다

💬 I live with my parents-in-law.
전 시부모님/장인 장모님을 모시고 살아요.

one's in-laws move in with ...
~의 시부모님/장인 장모님이 …와 함께 들어와 살다

💬 My in-laws want to move in with us, but I hate it.
시부모님은 우리와 함께 들어와 살길 바라시지만 전 싫어요.

move out of one's parents-in-law's house
시가/처가에서 분가하다

💬 I just moved out of my parents-in-law's house with my husband.
남편과 시댁에서 분가한 지 얼마 안 됐어요.

single father/mother 아이를 홀로 키우는 아버지/어머니

💬 I am a single mother and have two children under the age of 10.
전 싱글 맘이고, 10살이 채 안 된 아이가 둘이에요.

가족 규모와 성격	How many family members do you have? 가족이 몇 명이에요? be related by blood 혈연 관계이다 be related by marriage 인척 관계이다 family gathering[get-together] 가족 모임 close-knit family 아주 가깝게 지내고 단란한 가족 distinguished family 유서 깊은 가문, 명문가 *cf.* the lower class 서민층 ordinary people 일반인들(서민들) respect for one's elders 어른들에 대한 공경
혈통	run in the family 집안 내력이다 trait well-represented in one's family ~의 가족에 나타나는 두드러진 특성 trace one's lineage 혈통을 밝히다 inherit one's genes 유전자를 물려받다 lineal ascendant 직계 존속(조상부터 바로 부모님까지) lineal descendant 직계 비속(자기 아래의 혈족) come from good stock 혈통이 좋다
기타	be born into a stepfamily (이미 자식이 있는 이혼 당사자들이 재혼한) 재혼 가정에 태어나다 be raised in a joint family 결합 가족(조부모 및 이모 삼촌 등과 함께 사는 가정)에서 자라다 be under age 미성년이다 come of age 성년이 되다 live away from home 집을 떠나 살다 start a family 가정을 이루다 settle down 정착하다 A family falls apart. 가정이 풍비박산이 나다.

가정/부모님

002

가정 002-1

normal family 평범한 가정

💬 I was raised in a normal middle-class family.
전 평범한 중산층 가정에서 자랐어요.

be well off 넉넉하다

💬 My family is not that well-off but comfortable.
제 가족은 그렇게 넉넉하지는 않지만 안락하게 살아요.

linger in one's mind 마음에 오래 남아 있다

💬 I want my precious memories with my family to linger in my mind.
전 가족과의 소중한 추억이 마음에 오래 남아 있으면 해요.

single parent family 한 부모 가정

💬 I am from a single parent family; it's just me and Mom.
전 한 부모 가정 출신이라서 저랑 엄마밖에 없었어요.

lose someone early ~를 일찍 여의다

💬 I lost my parents early and I was forced to live with my aunt.
전 부모님을 일찍 여의어서 이모와 살 수밖에 없었어요.

be forced to do
억지로 ~해야 하다

be born into a well-off family 부유한 가정에 태어나다

💬 I was not born into a well-off family but I was adopted into one.
전 부유한 가정에서 태어나진 않았지만 부유한 가정으로 입양이 되었죠.

부모님

be a self-made man 자수성가하다

💬 My father is a self-made man.
저희 아버지는 자수성가하셨어요.

working mom[mother] 워킹맘

💬 As a working mom, my mom has a lot of satisfaction.
워킹맘으로서 엄마는 만족감이 크세요.

Cf. housewife 전업주부

read someone a bedtime story 자기 전에 ~에게 책을 읽어 주다

💬 Every night, my dad read me a bedtime story.
매일 밤, 아빠는 자기 전에 저에게 책을 읽어 주셨어요.

family man 가족을 최우선시하는 아버지

💬 My dad is a family man, and he loves spending time with us.
아빠는 가족을 최우선시하고 우리와 함께 시간을 보내는 걸 엄청 좋아하세요.

be consumed by the pressure of housework
집안일에 대한 스트레스에 치이다

💬 My mom has been consumed by the pressure of housework.
엄마는 집안일에 대한 스트레스에 치이고 있어요.

religious 신앙심이 있는

💬 My parents are religious but secular.
저희 부모님은 신앙심이 있지만 세속적이세요.

secular
세속적인

not make enough time to ~할 충분한 짬을 못 내다

💬 My parents are busy at work, so can't make enough time to have dinner with us.
부모님은 일하느라 바빠서 저희랑 같이 저녁을 먹을 충분한 짬을 못 내세요.

get by 그럭저럭 잘 지내다

💬 My parents are healthy and getting by okay.
　제 부모님은 건강하시고 그럭저럭 잘 지내고 계세요.

happily married 행복한 결혼 생활을 하는

💬 My mom and dad have been happily married for 32 years.
　우리 엄마 아빠는 32년 동안 행복한 결혼 생활을 하고 계세요.

have a good relationship 사이가 좋다

💬 My parents have a good relationship.
　제 부모님은 사이가 좋으세요.

on good terms 사이가 좋은

💬 My parents are divorced, but they are still on good terms.
　부모님은 이혼하셨지만 지금도 여전히 사이가 좋으세요.

fight over small issues 별것 아닌 문제들로 싸우다

💬 My parents sometimes fight over small issues such as doing chores.
　저희 부모님은 가끔씩 허드렛일 같은 별것 아닌 문제들로 싸우세요.

not the best ~ ever 지금껏 최고의 ~는 아닌

💬 He is not the best dad ever, but he is my dad anyway.
　그분이 최고의 아빠는 아니지만, 어쨌든 제 아빠예요.

biological father 생부 stepfather 계부

💬 My biological father died when I was three. Now I live with my mom and stepfather.

생부는 내가 세 살 때 돌아가셨어요. 지금은 엄마와 새아버지와 함께 살아요.

be born out of
wedlock
혼외자로 태어나다

sign over custody of ~의 양육권을 넘기다

💬 I was born out of wedlock, so my mother signed over custody of me to my father and then moved to Paris.

전 혼외자로 태어났고, 어머니는 제 양육권을 아버지에게 넘기고 파리로 이주하셨어요.

(부모님과의 관계)

get along with ~와 사이좋게 지내다

💬 I get along with my mom so I talk to her on the phone a lot.

전 엄마랑 사이가 좋아서 엄마랑 전화로 많은 얘기를 해요.

be close to ~와 사이가 좋다, ~와 가깝게 지내다

💬 I am close to my parents. I can communicate with them well.

전 부모님과 사이가 좋아요. 부모님과 말이 잘 통해요.

feel distant from ~와 서먹서먹하다

💬 I feel distant from my dad.

전 아빠랑 서먹서먹해요.

very close 매우 친한

💬 My dad and I are very close, and he has been a big influence on me.

아빠와 저는 매우 친하고 아빠는 제게 큰 영향을 주셨어요.

be a big
influence on
~에게 지대한 영향을
미치다

get into power struggles 힘겨루기를 하다

💬 I always got into power struggles with my father.

전 언제나 아빠랑 힘겨루기를 했어요.

have an emotional bond with ~와 정서적 유대감을 갖다

💬 I have a special emotional bond with my mom.
We understand each other well.

전 엄마와 특별한 정서적 유대감이 있어요. 우리는 서로 잘 이해하죠.

부모님과 나

look like 외모가 ~와 닮다 (= **resemble**)

💬 I look a lot like my dad; I have my father's features,
such as the shape of my eyes and nose.

전 아빠를 아주 많이 닮았어요. 눈이랑 코 모양 등이 아빠의 이목구비를 닮았죠.

feature
이목구비

accept someone for ... ~를 …로 인정해 주다

💬 My mom knows me the best and accepts me for who I am.

엄마는 저를 가장 잘 알고 저를 있는 그대로 인정해 주세요.

be proud of ~를 자랑스럽게 여기다

💬 My parents love me more than anyone else. They are proud of
me and willing to help me.

부모님은 누구보다 절 사랑하세요. 절 자랑스러워하시고 절 기꺼이 도와주시죠.

follow in one's footsteps ~의 뒤를 따르다

💬 I'd like to follow in my father's footsteps.

전 아버지 뒤를 따르고 싶어요.

take after ~를 닮다 (부모)

💬 I take after my dad in many ways.

전 여러 면에서 아빠를 닮았어요.

the apple of one's eye 눈에 넣어도 안 아플 만큼 사랑하는 사람

💬 I was pampered the most and was the apple of
everyone's eye.

저는 가장 애지중지 아낌을 받았고 모두가 절 눈에 넣어도 안 아플 만큼 사랑했어요.

pamper
애지중지하다,
소중히 보살피다

22

throw a tantrum
떼를 쓰다

spoil 버릇없게 키우다

💬 My dad spoiled me too much; whenever I threw a tantrum to have what I wanted, I could get it.

아빠는 절 지나치게 버릇없게 키우셨어요. 원하는 게 있어서 떼를 쓸 때마다, 얻을 수 있었거든요.

understanding
이해해 주는

low self-esteem
낮은 자존감

supportive 지원을 해 주는, 힘이 되는

↔ **unsupportive** 지지하지 않는, 비협조적인

💬 My parents are very supportive and understanding.

부모님은 지원을 아끼지 않으시고 이해를 잘해 주세요.

💬 Even though my parents have been very unsupportive, I haven't suffered from low self-esteem.

부모님이 참 지지를 안 해 주시기는 했지만, 자존감이 낮아지거나 한 것 때문에 힘든 적은 없어요.

put pressure on
~에게 압박을 하다

high expectation 높은 기대

💬 My parents have extremely high expectations of me, and they put too much pressure on me.

부모님이 저에 대한 기대가 지나치게 높아서 제게 너무 심한 압박감을 주세요.

(부모님의 가르침)

live a fulfilling life 충만한 삶을 살다

💬 My parents have emphasized that to live a fulfilling life, I must maintain good physical and mental health.

부모님은 충만한 삶을 살기 위해서는 육체적, 정신적 건강을 유지해야 한다고 강조하셨어요.

raise someone to ... ~를 …하도록 키우다

💬 My parents raised me to be independent, responsible, and confident.

부모님은 제가 독립적이고, 책임감 있고, 자신감을 가지도록 키우셨어요.

teach someone to believe in ... ~에게 …을 믿으라고 가르치다

💬 My parents have taught me to believe in myself and have balance in life.

부모님은 제게 자신을 믿고 인생에서 균형을 잡으라고 가르치셨어요.

inspirational 영감을 주는

💬 My dad read me an inspirational quote every day.

아버지는 매일 제게 영감을 주는 인용문을 읽어 주셨어요.

navigate one's own life 자기 인생을 스스로 헤쳐 나가다

💬 My parents let me navigate my own life and be self-responsible.

부모님께서는 제가 제 인생을 스스로 헤쳐 나가고 직접 책임지게 하셨어요.

self-disciplined 자기 수양이 된

💬 I am self-disciplined. I've learned from my parents how to control myself and work hard to attain my goals.

control 통제하다

attain 달성하다

전 자기 통제가 잘 되어 있어요. 부모님께 자신을 통제하고 목표를 달성하기 위해 열심히 노력하는 법을 배웠죠.

value 소중히 여기다

💬 My parents taught me to value family and not to take it for granted.

take ~ for granted ~을 당연시 여기다

부모님은 제게 가족을 소중히 여기라고 가르치셨어요. 당연시 여기지 말라고요.

allow someone to make one's own decisions
스스로 결정하도록 허용하다

💬 My parents have allowed me to make my own decisions; they have never invaded my privacy.

부모님은 저 스스로 결정하게끔 하셨어요. 제 프라이버시를 침해한 적도 없어요.

strict 엄격한 straightforward 직설적인, 돌직구인

💬 Both of my parents are very strict and straightforward.
부모님 두 분 모두 되게 엄격하시고 직설적이세요.

demanding
요구가 많은

flexible 융통성 있는

💬 My dad is not demanding at all; he is very flexible.
아버지는 제게 요구하는 게 전혀 없어요. 융통성이 많으세요.

caring 배려하는

💬 I am very blessed with caring, supportive parents; they are my inspiration.
배려하고 지원을 아끼지 않는 부모님이 계시니 전 대단히 축복받은 거예요. 부모님은 제 영감의 원천이에요.

free-range parenting
자유 방목 자녀 양육(책임 지는 법을 가르친 후 스스로 하게 하는 교육법)

💬 My parents preferred free-range parenting. They let me ride the subway alone when I was ten.
부모님은 자유 방목형 자녀 양육을 선호했어요. 제가 10살 때는 지하철을 혼자 타게 했지요.

in spite of one's flaws 결점에도 불구하고

💬 I have made many mistakes growing up, but my mom has always loved me in spite of my flaws.
자라면서 많은 실수를 저질렀는데 엄마는 제 결점에도 불구하고 저를 언제나 사랑해 주셨어요.

Cf. flawed 결점이 있는

open to different views 견해의 차이에 열려 있는

💬 My parents are open to different views, and they are even open to criticism.
부모님은 견해의 차이에 열려 있고 비판에 대해서도 열려 있으세요.

in return for one's love ~의 사랑에 대한 대가로

💬 My mom loves me unconditionally and she never expects anything from me in return for her love.

엄마는 무조건적으로 나를 사랑하고, 사랑에 대한 대가로 그 무엇도 원하지 않으세요.

put oneself in one's shoes ~의 입장이 되어 보다

💬 My dad always tries to put himself in my shoes; he is very empathetic.

아빠는 언제나 제 입장이 되어 보려고 하세요. 이해심이 많으세요.

always available 항상 곁에 있어 주는

💬 My mom is always available when I need her.

엄마는 제가 필요로 할 때 항상 곁에 있어 주세요.

lend an ear 귀 기울이다

💬 My mom lends an ear whenever I have problems.

엄마는 제가 문제가 있을 때마다 제 말에 귀 기울여 주세요.

tend to ~하는 경향이 있다

💬 My father tends to be overprotective.

아버지는 과잉 보호하는 경향이 있어요.

overprotective
과보호하는

가정과 출신	dysfunctional family (알코올 중독, 폭력 등의 문제가 있는) 문제 가정 a chip off the old block (부모와 아주 닮은) 판박이 an accident of birth 타고난 팔자, 어쩌다 태어난 몸 blue blood 귀족 출신 mama's boy 마마보이 patriarch 가장 father figure 아버지 같은 존재 one's flesh and blood 피붙이
부모님의 성향	maternal 어머니다운, 모계의 fatherly 좋은 아버지 같은, 자애로운 paternal 아버지의, 부계의 benevolent 자비로운 biased 편견이 심한 aggressive 공격적인 hard-working 열심히 일하는 annoying 성가시게 구는 codependent (안 좋은 방향으로) 상호간에 종속적이 된 reluctant to change 변화를 꺼리는 control-freak 만사를 제멋대로 쥐고 흔드는 사람 rigid 융통성이 없는 stubborn 고집 센 pushy 지나치게 밀어붙이는 overly self-righteous 지나치게 독선적인 old-fashioned 구식인 modern 신식인 patriarchal 가부장적인 passive in life 삶에 수동적인 spend quality time with ~와 소중한 시간을 보내다 build one's self-esteem 자존감을 키우다 overpraise 지나치게 칭찬하다 keep trying 계속 노력하다 favor ~를 편애하다 prefer a daughter over a son 아들보다 딸을 선호하다 wear the pants 주도권을 잡다
자녀 교육 유형	authoritative 권위적이고 위압적인 authoritarian 독재적인 permissive 자유방임적인 power struggle 힘겨루기

003

(형제자매) 003-1

the eldest 장남, 장녀

💬 I am the eldest, and Elsa is the second eldest.

전 장녀이고 엘사는 차녀예요.

the youngest 막내

💬 I have two brothers and a sister. I am the youngest among four siblings.

난 남자 형제 두 명과 여자 형제 한 명이 있어요. 네 남매 중 막내예요.

sibling
형제자매

the middle child 세 자녀 중 둘째

💬 I am the middle child, and I feel like I am not treated the same as the eldest.

셋 중 둘째인데 첫째와 똑같이 대우를 받는다는 생각이 안 드네요.

grow up with ~와 함께 자라다

💬 I am an only child. I was sad during my childhood for not having siblings to grow up with.

전 외동이에요. 어렸을 때 같이 자랄 형제자매가 없는 게 슬펐어요.

not have any siblings 형제자매가 하나도 없다

💬 I didn't have any siblings for the first 7 years of my life. Then I had a brother.

인생 첫 7년 동안은 형제자매가 하나도 없었어요. 그러고는 남동생이 생겼죠.

28

elder sister/brother 언니, 누나/오빠, 형
younger brother/sister 남동생/여동생

💬 My elder sister lives in New York, and my younger sister lives with me in Seoul.

언니는 뉴욕에 살고 여동생은 저랑 서울에 살아요.

half-brother/sister 이복형제/이복자매

💬 I have two brothers and one sister. I also have a half-brother with a different mother.

남자 형제가 2명, 여자 형제가 1명 있어요. 또 엄마가 다른 이복형제가 한 명 있어요.

stepbrother/stepsister
(부모의 재혼으로 생긴) 의붓형제/의붓자매

💬 I have a stepsister who just turned 17.

전 막 17살이 된 의붓자매가 하나 있어요.

(나이차/관계)

숫자 + years apart ~살 터울인

💬 My brother and I are two years apart, and we have had some crazy fights.

오빠/남동생이랑 저는 두 살 터울인데 미친 듯이 싸워 왔어요.

Cf. a year apart 연년생인

숫자 + years older than ... ···보다 ~살 많은

💬 My sister is three years older than me, and my parents are stricter with me than with her.

언니는 나보다 세 살 많은데 부모님은 언니보다 저한테 더 엄격하세요.

be close to ~와 친하다

💬 I am very close to my brother and share my thoughts with him.

전 형/오빠랑 매우 친해서 제 생각을 함께 나눠요.

alter ego 또 다른 나 자신, 가장 친한 친구

💬 My brother was my alter ego when both of us were young.

우리가 둘 다 어렸을 때 형은 또 하나의 나 같은 존재였어요.

take care of ~를 돌보다

💬 My brother took care of my mom when she was sick.

엄마가 아플 때 오빠가 엄마를 돌봤어요.

have a soft spot for ~에게 마음이 가다, ~에게 약하다, ~를 좋아하다

💬 I have a soft spot for my youngest brother. Even when I get angry, I turn soft when I see him.

막내 남동생에게 마음이 더 가요. 화가 날 때도 동생을 보면 마음이 여려져요.

be a spitting image of ~의 판박이다

💬 My little sister is a spitting image of me. We have been mistaken as twins.

여동생은 저와 판박이에요. 쌍둥이로 오해를 받아 왔어요.

be adopted 입양되다

💬 My brother was adopted when he was about one year old. I am the biological child.

남동생은 한 살 무렵에 입양되었어요. 전 친자식이고요.

biological child
친자

the black sheep of the family 집안의 말썽꾼

💬 My brother is the black sheep of the family. He has let us down so many times.

오빠는 집안의 말썽꾼이에요. 우리를 너무나 여러 차례 실망시켰어요.

| 형제자매
묘사 | jerk 얼간이 complainer 불평쟁이 alike as two peas in a pod 똑같이 닮은
physically challenged 신체장애가 있는 (사람) different from ~와 다른
allergic to ~에 알레르기가 있는 look alike 똑같아 보이다
annoy 성가시게 굴다 rely on ~에 의지하다
drive someone crazy ~를 돌게 만들다 call someone names ~에게 욕을 하다
mimic 흉내 내다 associate A with B A를 B와 연관 지어 생각하다
give vent to ~에게 불만을 토로하다 behave well 바르게 행동하다
be eclipsed by ~로 인해 빛이 가려지다 give a fake smile 억지웃음을 짓다
point out one's frailties ~의 약점을 지적하다
make up 화해하다 stand shoulder to shoulder 어깨를 나란히 하다
be grounded 외출 금지를 당하다 play pranks on ~에게 장난을 치다
pick a fight 싸움을 걸다 play the victim 불쌍한 척 청승을 떨다 |

| 형제자매
성격 | affectionate 다정한 nerdy 머리는 좋으나 세상 물정 모르는 pesky 성가신
bold 대범한 bratty 반항적인, 건방진 chummy 아주 다정한 sensitive 예민한
belittling 얕잡아 보는 disrespecting 무시하는
conscious of one's looks 외모를 의식하는
self-destructive 자기 파괴적인 narcissistic 나르시스적인, 자기애에 빠진
competitive 경쟁심이 강한 intrusive 주제넘게 참견하는
devoted 헌신적인 vulnerable 상처받기 쉬운
animosity towards ~에 대한 적개심 have hatred for ~을 혐오하다 |

| 형제자매
관계 | close-knit (관계가) 아주 가까운 bonded 결속된
safety net 안전망 companion 벗
soulmate 영혼이 통하는 사람 can't do without ~ 없이는 살 수 없다
keep one's distance from ~와 거리를 두다 |

조부모님

004

004-1

be involved in ~에 관여하다
💬 My grandparents have been greatly involved in my life.
조부모님이 제 인생에 깊이 관여되어 있죠.

would not ~ without ... …이 아니라면 ~하지 않을 거다
💬 I would not be here today without my grandparents.
조부모님 아니었으면 전 오늘 여기에 있지 못할 거예요.

inspiration 감화를 주는 사람
💬 Our grandma has been such an inspiration to all of us.
할머니는 우리 모두에게 정말 감화를 주어 온 분이세요.

controlling 조종하는, 권위적인
💬 My grandparents are too controlling and annoying.
조부모님이 너무 조종하려 들고 짜증나게 합니다.

admire someone for ... … 때문에 ~를 존경하다
💬 I admire my grandfather for his determination.
전 결단력 있는 모습에 할아버지를 존경해요.

in one's 10단위 숫자s (나이가) ~대인
💬 Both of my grandparents are still alive and in their 80s.
조부모님 두 분 다 아직 생존해 계시고 80대세요.

pass away 돌아가시다, 사망하다

💬 My grandfather passed away when I was little.

할아버지는 제가 어렸을 때 돌아가셨어요.

be gone 죽다

💬 My granddaddy has been gone for five years now.

할아버지가 돌아가신 지 이제 5년 되었어요.

be diagnosed with Alzheimer's 알츠하이머 진단을 받다

💬 My grandmother was diagnosed with Alzheimer's.

할머니가 알츠하이머 진단을 받으셨어요.

get worse 증세가 심해지다

💬 My grandma's dementia is getting worse, so we are all scared and sad.

할머니가 치매가 점점 심해지고 있어서 우리 모두 겁나고 슬퍼해요.

recover from (병이) 낫다, ~에서 회복하다

💬 My grandfather has fully recovered from cancer and lives a normal life now.

할아버지는 암이 완전히 나아서 현재 정상적인 생활을 하고 계세요.

miss someone a lot ~가 많이 그립다

💬 I miss my grandparents a lot, so I cry almost every night.

할아버지 할머니가 무척 보고 싶어서 거의 매일 밤마다 울어요.

grow up living with ~와 함께 살며 자라다

💬 I grew up living with my grandparents.

전 할머니 할아버지랑 함께 살며 자랐어요.

have good memories of ~에 관한 좋은 추억이 있다

💬 I have good memories of my grandparents.
전 조부모님에 대한 좋은 추억들이 있어요.

do everything for someone ~를 위해서 뭐든 다 해 주다

💬 My grandfather has done everything for me and has always been there for me.
할아버지는 저를 위해 뭐든 다 해 주셨고 항상 제 곁에 있어 주셨어요.

be there for someone
~를 위해 거기에 있어 주다

tuck someone in ~에게 이불을 덮어 주다

💬 My grandma tucked me in every night.
할머니는 매일 밤 제게 이불을 덮어 주셨어요.

be on one's side ~의 편을 들다

💬 My grandma is always on my side
when my brother and I are in an argument.
할머니는 오빠와 내가 말다툼할 때면 언제나 내 편을 들어주세요.

호칭	grandparents 조부모님
	grandmother, grandma, granny 할머니
	grandfather, grandpa, granddad 할아버지
	great-grandfather 증조부 great-grandmother 증조모

성격과 행동	affectionate towards ~에게 다정한 sweet 다정한 cheery 쾌활한
	wise 현명한 serious 근엄한 cheerful 명랑한 selfless 이타적인
	caring 배려하는 industrious 부지런한 mean 심술궂은
	abusive (말이나 행동이) 폭력적인 classy 품격이 있는 trustworthy 신뢰할 만한
	thoughtful 배려심 있는 insightful 통찰력 있는 stern 완고한
	racially Mexican 인종적으로 멕시코인인
	a good sense of judgment 뛰어난 판단력
	hoarder 물건을 버리지 않고 모으는 사람
	look old enough to be one's grandma 할머니로 보일 만큼 나이가 있어 보이다
	spend time with ~와 시간을 보내다
	treat someone like a baby ~를 아기처럼 다루다
	not throw away (물건을) 버리지 않다 back someone up ~를 지지해 주다
	take one's side ~의 편을 들어 주다 cordially invite 진심으로 초대하다
	give advice 충고해 주다
	be in good spirits when they are with ~와 있을 때는 기분이 좋다
	teach how to live a fruitful life 풍요로운 삶을 사는 법을 가르쳐 주다

건강 상태	have trouble -ing ~하는 데 문제가 있다 shaking (손발을) 떠는
	seriously ill 매우 아픈 horrified by ~에 깜짝 놀란
	have surgery 수술을 받다 be about to die 죽기 직전이다

기타	deceased 고인이 된
	miss one's grandpa 할아버지를 그리워하다
	appreciate one's grandma 할머니께 감사하다

친척 관계

005-1

reconnect with ~와 다시 연락하다, ~와 다시 연락이 닿다

💬 I reconnected with one of my relatives via Facebook.
페이스북으로 친척 중 한 명과 다시 연락이 닿았어요.

distant relative 먼 친척

💬 Most of my distant relatives live in England.
제 먼 친척들 대부분이 영국에 살아요.

blood relative 혈족 in-law 인척

💬 As far as I know, relatives include not only blood relatives but also in-laws.
제가 아는 한, 친척에는 혈족뿐 아니라 인척도 포함돼요.

(first) cousin 사촌

💬 One of my cousins has been married three times already.
사촌 중 한 명은 벌써 세 번이나 결혼했어요.

💬 I used to hang out with my cousins a lot.
사촌들과 많이 어울려 놀곤 했어요.

hang out with
~와 어울려 놀다

second cousin 6촌

💬 John is my second cousin. He is the son of Jamie, who is my mother's cousin.
존은 저랑 6촌이에요. 엄마의 사촌인 제이미 이모의 아들이죠.

once removed 한 세대 떨어진

💬 Jessica is my second cousin once removed on my mother's side.

제시카는 내 이종 7촌(6촌이 낳은 딸)이에요.

third cousin 8촌

💬 He is my third cousin, so we share DNA.

그는 제 8촌이라 DNA를 공유하지요.

great-great grandfather 고조부

💬 My great-great grandfather was Italian. He moved to New York in the 1800s.

제 고조부는 이탈리아인이셨어요. 1800년대에 뉴욕으로 이주하셨죠.

great-aunt 대고모, 고모할머니

💬 She is my great-aunt on my father's side.

그분은 아버지 쪽으로 제 고모할머니세요.

niece 여자 조카 nephew 남자 조카

💬 My niece lives in Hong Kong, and my nephew lives in Vietnam.

여자 조카는 홍콩에 살고, 남자 조카는 베트남에 살아요.

talk to one's relatives 친척들과 대화하다

💬 My parents force me to talk to some of
my relatives even when I don't want to.

내키지 않아 하는데도 부모님은 제가 친척들과 대화하도록
억지로 시키세요.

lose contact 연락이 끊기다

💬 We've lost contact since my uncle moved to
New York.

삼촌이 뉴욕으로 이주한 후에 우리는 연락이 끊겼어요.

my mother's/father's side of the family 외가/친가 쪽

💬 I feel much closer to my mother's side of the family, but it
doesn't mean I am distant from my father's side of the family.

외가 쪽과 훨씬 더 친하다고 느끼지만, 그렇다고 친가와 소원한 건 아니에요.

one's maternal relatives 외가 쪽 친척 one's paternal relatives 친가 쪽 친척

blood relationship 혈연 관계 great-uncle 종조부

clansman 문중 사람 next of kin 가장 가까운 친척 one's kith and kin ~의 친지들과 친척들

one's didi ~의 사촌누나 maiden aunt 결혼 안 한 이모

step nephew 이복형제의 아들 step niece 이복형제의 딸

get in touch with relatives 친척과 연락하다 annual get-together 연례 모임

more like a stranger to ~에겐 낯선 사람들에 더 가까운 rarely see 거의 만나지 않다

live next door to ~와 옆집에 살다 tight-knit 유대가 긴밀한 distant 소원해진

tense (관계 등이) 날이 선 be fine with ~와 잘 지내다

be surrounded by one's relatives 친척들에 둘러싸이다

Blood is thicker than water. 피는 물보다 진하다.

everyone and their mother 사돈의 팔촌, 개나 소나

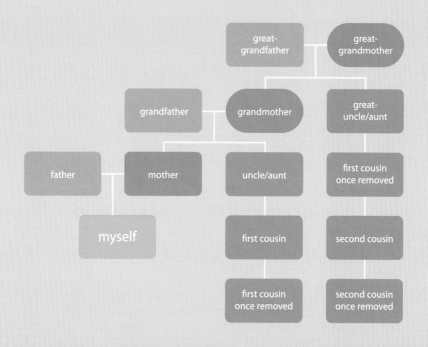

가훈/
집안 분위기

006

006-1

family motto 가훈

💬 What is your family motto?
가훈이 뭔가요?

💬 My family motto is "Where there is a will, there is a way."
우리 집 가훈은 "뜻이 있는 곳에 길이 있다"예요.

가훈의 예시

Life is full of surprises. 인생은 알 수 없는 것이다.

Stick to the basics. 기본을 지켜라.

Be kind to everyone. 모두에게 친절해라.

Be just and fear not. 옳은 길을 걷고 두려워하지 말아라.

Do not give up. 포기하지 말아라.

Nothing shall be impossible. 불가능은 없다.

Put others first. 다른 사람들을 먼저 생각해라.

See the good. 사물의 좋은 면을 보아라.

When one door closes, another door opens.
하나의 문이 닫히면 다른 문이 열린다.

reinforce[strengthen] one's family values 가족관을 강화하다

💬 My parents wanted to reinforce our family values, which are rooted in the Bible.
저희 부모님은 성경에 뿌리를 두고 있는 우리 가족관을 강화하고 싶어 하셨어요.

family values
가족관

stick to (가훈, 신조 등을) 지키다

💬 My family motto is "Give before you receive," but we don't stick to it.
저희 집 가훈은 "받기 전에 주어라"인데 가훈을 지키지는 않아요.

instill family values 가족관을 서서히 주입시키다

💬 I think instilling family values is important because they will have a strong influence on how each family member thinks and behaves.

전 가족관을 서서히 주입하는 게 중요하다고 생각해요. 가족관은 가족 구성원이 생각하고 행동하는 데 강력한 영향을 미칠 테니까요.

let down
one's guard
경계심을 내려놓다

feel comfortable 편안함을 느끼다

💬 My family has tried to create a home where any visitor feels comfortable and lets down their guard.

우리 가족은 어떤 방문객이라도 편안하다고 느껴 경계심을 내려놓는 집안 분위기를 만들려고 애써 왔어요.

toxic
해를 끼치는

close together 서로 친한

💬 My family is so close together, but one of my friends' families is really toxic.

저희 가족은 정말 사이가 긴밀하지만 제 친구네 가족은 정말로 서로에게 해를 끼쳐요.

006-2 가훈/집안 분위기 관련 기타 표현

encourage better behaviors 더 나은 행동을 하도록 격려하다

be inspired by ~에 영감을 받다 get through tough times 힘든 시기를 이겨내다

dedicate one's life to ~에 인생을 바치다 survive 살아남다

get things done 일을 해내다 wait for ~를 기다리다

make sacrifices for the greater good 대의를 위해 희생하다

support one another 서로 힘을 실어 주다 take a leap of faith 소신을 갖고 뛰어들다

appreciate 감사하다 reminder 상기시키는 것 consequence 결과

faithful to ~에게 충실한 bright 밝은 healthy 건강한 happy 행복한

brave 용감한 true 진실된 grateful 감사하는 right 옳은 inspirational 영감(자극)을 주는

I

CHAPTER 2

나의 사생활
My personal life

ENGLISH

결혼 여부

007

미혼 007-1

single 독신인, 미혼인

💬 I am single.
저는 독신이에요.

marriage 결혼

💬 I am not ready for marriage.
전 결혼할 준비가 안 되었어요.

better half 반쪽

💬 I am single and perfectly happy,
but I am trying to find my better half.
전 미혼이고 아주 행복하지만 제 반쪽을 찾으려 하고 있어요.

not available (사람을 만날 마음의) 여유가 없는

💬 I am single but not available. I don't want to get married yet.
전 미혼이지만 결혼을 생각할 여유가 없네요. 아직 결혼하고 싶지 않아요.

cannot afford ~할 경제적 여유가 없다

💬 I want to get married, but I cannot afford it.
(= I am not financially ready.)
결혼은 하고 싶은데 돈이 없어요. (재정적으로 준비가 안 되었어요.)

stay single 독신으로 살다

💬 I want to stay single for the rest of my life.
남은 평생 독신으로 살고 싶어요.

44

tie the knot 결혼하다

💬 I still haven't tied the knot yet or even gotten engaged.

전 아직 결혼도 안 했고 약혼조차도 안 했어요.

totally personal 전적으로 개인적인

💬 In my opinion, the choice to marry or not is totally personal, and I don't think marriage is worth all the effort.

제 생각에 결혼을 할지 말지는 전적으로 개인적인 것이고, 결혼이 모든 노력을 기울일 만한 가치가 있다고는 생각하지 않아요.

enter into a casual relationship 자연스럽게 만나게 되다

💬 I want to enter into a casual relationship and end up developing a romantic relationship.

전 자연스럽게 만나 애인 관계가 되는 것(자만추)을 원해요.

biological clock 생체 시계

💬 I feel like my biological clock is ticking and I'm worried about not getting pregnant.

전 생체 시계가 다 되어 가고 있다고 느껴서 임신하지 못할까 봐 걱정돼요.

(기혼)

married 결혼한

💬 I am married and have a daughter.

전 결혼했고 딸이 하나 있어요.

newly married 신혼인

💬 I am newly married and excited to begin a new chapter as an accountant.

전 지금 신혼이고요, 회계사로서 새로운 (인생의) 장을 시작하게 돼서 신나요.

get married late 늦게 결혼하다

↔ **get married young** 일찍 결혼하다

💬 I got married late but had a normal delivery at the age of 40.
전 늦게 결혼했지만 나이 마흔에 정상 분만했어요.

Cf. have a Caesarean 제왕절개를 하다

have been married + for + 숫자 + years 결혼한 지 ~년이 되었다

💬 My husband and I have been married for 2 years.
남편과 저는 결혼한 지 2년 되었어요.

one's + 서수 + wedding anniversary 결혼 ~주년

💬 Next Monday is our tenth wedding anniversary, and we really want to do something special.
다음 주 월요일이 우리 결혼 10주년이라서 뭔가 특별한 것을 하고 싶어요.

marry ~와 결혼하다 (전치사 없이 바로 결혼 상대자를 씀)

💬 I married a British man two years ago, and now we live in London.
전 2년 전 영국 남자와 결혼해서 지금은 런던에서 살아요.

💬 I hate guys who tell dirty jokes and make sexual remarks. If I find anyone who doesn't, I will marry him.
전 추잡한 농담을 하고 성적인 이야기를 하는 남자들을 싫어해요. 그렇지 않은 사람이 있다면, 그 사람이랑 결혼할래요.

dirty jokes
추잡한 농담들

sexual remarks
성적인 이야기들

be married to ~와 결혼하다

💬 I was married to a British man, but we divorced.
전 영국 남자와 결혼했는데 이혼했어요.

happily married 결혼 생활이 행복한

💬 I am a happily married man with three kids.
전 아이가 셋 있는, 결혼 생활이 행복한 남자예요.

function well 제대로 돌아가다

💬 My husband and I function well together as a team in many aspects.
남편과 전 여러 가지 면에서 한 팀으로 역할들을 잘 해내고 있어요.

separated 별거하는 **divorced** 이혼한

💬 I am separated but not divorced.

전 별거 중이지만 이혼은 안 했어요.

become single again 돌싱이 되다

💬 I was divorced and became single again at 45.

전 45세에 이혼해서 돌싱이 되었어요.

single dad 홀로 아이를 양육하는 아빠

single mom 홀로 아이를 양육하는 엄마

💬 I am a single dad in my early 40's.

전 40대 초반의 돌싱 아빠예요.

💬 I am a single mom and the breadwinner.

전 싱글맘이자 가장이에요.

single parent 한 부모

raise
아이를 키우다

💬 I am a single parent and raising my son alone.

전 한 부모이고 아들을 홀로 키우고 있어요.

widow 남편과 사별한 여성　**widower** 아내와 사별한 남성

💬 I am a widow. My husband died three years ago.

전 사별했어요. 남편은 3년 전에 죽었어요.

💬 I am a widower; I lost my wife a few years ago.

전 사별했어요. 몇 년 전에 아내를 떠나 보냈죠.

Cf. grass widower 아내와 별거 중인 남자

not compatible with ~와 (성격이) 맞지 않는

💬 We got divorced because we were not compatible with each other.

우리는 서로 성격이 맞지 않아서 이혼했어요.

walk on eggshells 살얼음판 위를 걷다

💬 I felt like I was walking on eggshells with my ex. We didn't feel comfortable with each other.

난 전 남편과는 살얼음판 위를 걷는 것같은 느낌이었어요. 우린 서로가 편하지 않았던 거죠.

abusive 욕하는, 학대하는

💬 I left him because he was abusive when drunk.

그 사람이 술 취하면 욕지거리를 해서 그를 떠났어요.

taken for granted 당연시 여겨지는

💬 My wife wants a divorce because she feels taken for granted.

아내는 자신을 당연시 여긴다는 이유로 저와 이혼을 원해요.

belittle 무시하다, 얕보다, 과소평가하다

💬 I divorced my wife because she always belittled me so badly.

아내가 언제나 심하게 저를 무시해서 이혼했어요.

till death do us part 죽음이 우리를 갈라놓을 때까지

💬 I don't believe in 'till death do us part' because many marriages end in divorce.

전 '죽음이 우리를 갈라놓을 때까지'란 말을 믿지 않아요. 많은 결혼이 이혼으로 끝나니까요.

결혼 기념	wedding anniversary 결혼기념일
	tin wedding anniversary 결혼 10주년 기념일 (석혼식)
	china wedding anniversary 결혼 20주년 기념일 (도혼식)
	silver wedding anniversary 결혼 25주년 기념일 (은혼식)
	pearl wedding anniversary 결혼 30주년 기념일 (진주혼식)
	ruby wedding anniversary 결혼 40주년 기념일 (루비혼식)
	golden wedding anniversary 결혼 50주년 기념일 (금혼식)

결혼 생활의 조건	commitment 헌신 understanding 이해
	encourage each other 서로를 격려하다
	honor one's decision ~의 결정을 존중하다
	a suitable partner 자신에게 맞는 상대
	Out of sight, out of mind. 눈에서 멀어지면 마음에서 멀어진다.
	cohabit 동거하다

이혼과 재혼	file for divorce 이혼 소송을 하다
	be through an acrimonious divorce 험악한 분위기로 이혼하다
	have an amicable divorce 합의 이혼을 하다
	get custody of one's child 아이 양육권을 갖다 pay alimony 위자료를 주다
	stigma of one divorce 한 번의 이혼이란 낙인 regret 후회하다, 후회
	in one's second marriage 재혼하여

이혼의 원인	selfish in one's first marriage 첫 번째 결혼에서 이기적인
	a marriage-destroying flaw 결혼 파탄으로 가는 약점
	chronic unemployment 만성 실업 상태 erectile dysfunction 성기능 장애
	remain unchanged 바뀌지 않다
	repeat the same problems 같은 문제를 반복하다
	not share parenting duties 부모 역할을 함께하지 않다
	be not faithful to ~를 두고 외도를 하다

연애/이별

008

008-1

연애/데이트

walk into one's life ~의 인생에 나타나다
💬 I am sure someone so amazing will walk into my life soon.
전 멋진 사람이 곧 제 인생에 나타날 거라 확신해요.

have a crush on ~에게 반하다
💬 I had the biggest crush on my girlfriend.
전 살면서 제 여자 친구에게 가장 반했어요.

ask someone out ~에게 데이트를 신청하다
💬 I asked her out but I was rejected.
그녀에게 데이트 신청했다가 거절당했어요.

go on a date 데이트하러 가다, 데이트하다
💬 I went on a date with my boyfriend last weekend.
지난 주말에 남자 친구와 데이트했어요.

on one's[the] first date 첫 데이트에서
💬 I have spent too much money on my first date.
첫 데이트에서 돈을 너무 많이 썼어요.

stumble 말을 더듬다
💬 I stumbled through awkward silences while on my first date.
첫 데이트 때 어색한 침묵이 흐르는 와중에 제가 말을 더듬었어요.

flirt with ~에게 작업을 걸다

💬 He always tries to flirt with me when no one is around.

아무도 곁에 없으면 그는 언제나 제게 작업을 걸려고 해요.

be into ~에게 빠지다

💬 The girl I am seeing is really into me, but I don't want to see her anymore.

지금 만나고 있는 여자애가 정말 저한테 빠져 있지만, 전 더 만나고 싶지가 않아요.

get into a relationship 사귀기 시작하다

💬 James and I got into a relationship three years ago, but we kept our relationship a secret.

제임스와 저는 3년 전에 사귀기 시작했지만, 우리는 우리 관계를 비밀로 했어요.

date with the intention of getting married
결혼을 전제로 사귀다

💬 We have been dating with the intention of getting married.

우리는 결혼을 전제로 사귀고 있어요.

in a relationship 사귀고 있는
in a rebound relationship 헤어지고 홧김에 새로 사귀는

💬 I am in a relationship but I feel lonely.

사귀는 중인데도 제가 외로움을 느껴요.

💬 My ex is in a rebound relationship.

전 남친이 저랑 헤어지고 홧김에 다른 여자를 사귀고 있어요.

in a romantic relationship
(낭만적인) 연인 관계인, 연애 중인

💬 I am involved in a romantic relationship;
he celebrates my birthday and Valentine's Day.
전 연애를 하고 있어요. 그 사람이 제 생일과 발렌타인 데이를 챙기고 기념해 줘요.

be in love with ~와 사랑에 빠지다

💬 I ended up being in love with my best friend.
결국 전 절친과 사랑에 빠지고 말았어요.

have been dating one's girlfriend for + 숫자 + years
~년째 여자 친구와 사귀고 있다

💬 I have been dating my girlfriend for 7 years.
여자 친구와 7년째 사귀고 있어요.

committed couple 진지한 관계인 커플

💬 It has been 3 years since we became a committed couple.
우리가 진지한 관계의 커플이 된 지 3년이 되었어요.

play hard to get 튕기다, 밀당하다

💬 I really don't like women who play hard to get.
난 튕기고 밀당하는 여자들이 정말 싫어요.

push-and-pull 밀당

💬 I am very straightforward in most of my relationships
with people, but when it comes to love, I find myself
in a push-and-pull dynamic.
전 대부분의 인간관계에서 매우 솔직하고 단도직입적이지만, 사랑에
있어서는 언제나 밀당 관계에 빠져요.

straightforward
솔직한, 단도직입적인

blind date 소개팅

💬 I have been on hundreds of blind dates, but I am still single.
소개팅을 수백 번 했는데 여전히 독신이에요.

work out
잘 되다

have a blind date 소개팅을 하다

💬 I had a blind date set up by a mutual friend, but unfortunately it didn't work out.

나와 상대방 둘 다 아는 친구가 소개해 줘서 소개팅을 했는데 애석하게도 잘 안 되었어요.

애인의 이모저모

prioritize 우선시하다

💬 My boyfriend prioritizes me over his friends.

제 남자 친구는 자기 친구들보다 저를 우선시해요.

be my type ~가 딱 내 취향이다

💬 My boyfriend is my type physically.

남자 친구는 외모가 딱 제 스타일이에요.

cherish 소중히 여기다

💬 I want to meet someone who not only cherishes me but also prioritizes me.

절 소중히 생각할 뿐 아니라 최우선으로 여기는 사람을 만나고 싶어요.

cute 귀여운

way more
훨씬 더

💬 For me, cute women are way more attractive than hot women.

저한텐 귀여운 여성이 섹시한 여성보다 훨씬 더 매력적이에요.

be attracted to ~에게 끌리다

💬 I end up being attracted to toxic men again and again.

전 거듭해서 나쁜 남자에게 끌리고 말아요.

have good chemistry 잘 통하다, 케미가 돋다

💬 We enjoy each other's company and have good chemistry.
우리는 서로 함께 있는 걸 좋아하고 잘 통해요.

grow up together in the same neighborhood
한 동네에서 자라다

💬 My boyfriend and I grew up together in the same neighborhood.
제 남자 친구와 전 한 동네에서 자랐어요.

unspoken chemistry (성적인) 무언의 끌림

💬 We have an unspoken chemistry between us, and I feel as if we are made for each other.
우리는 말은 안 해도 서로에게 끌리고 있고 천생연분인 것 같아요.

be made for each other
천생연분이다

text 문자, 문자를 보내다

💬 My boyfriend texts me good morning and good night every day.
남자 친구는 저한테 매일 아침 인사와 밤 인사를 문자로 보내요.

wrap someone in one's arms ~를 두 팔로 꼭 안아 주다

💬 My boyfriend always wraps me in his arms.
남자 친구는 늘 저를 두 팔로 꼭 안아 주어요.

clingy (못마땅한 느낌으로 사람에게) 매달리는

💬 My boyfriend is kind of clingy.
남자 친구가 사람에게 좀 매달리는 편이에요.

be mad over ~에 화를 내다

💬 I find it cute when my girlfriend is mad over little things.
여자 친구가 사소한 일로 화를 내면 전 귀여워요.

make the first move 먼저 다가가다

💬 I feel like I should make the first move as the guy I have gone out with is very shy.

저랑 데이트한 남자가 매우 부끄럼을 타서 제가 먼저 다가가야 할 것 같아요.

play coy 내숭을 떨다

💬 I played coy when asked about what we did on our first date.

첫 데이트 때 뭘 했냐는 질문을 받았을 때 전 내숭을 떨었어요.

respect 존중하다 value 소중히 여기다

💬 My boyfriend respects me and values my opinion.

남자 친구는 절 존중하고 제 의견을 소중히 여겨 줘요.

be[feel] on the same wavelength 마음이 잘 맞다

💬 My girlfriend is not my type physically but I feel on the same wavelength as her.

여자 친구가 외모는 제 스타일이 아닌데, 여자 친구랑 마음이 잘 맞아요.

bury 묻다

bring up (이야기를) 끄집어내다

💬 My girlfriend keeps bringing up my past but I want to bury it.

여자 친구가 계속 제 과거를 들추는데, 전 그냥 묻어 두고 싶어요.

hang out (with) (~와) 나가 놀다, 어울리다

💬 I get jealous when my girlfriend hangs out with her male friend.

여자 친구가 남사친과 나가 놀면 질투가 나요.

bad influence on
~에게 나쁜 영향을
미치는 사람

💬 My girlfriend's best friend is a bad influence on her. They always hang out together and I'm worried about her.

여자 친구의 절친이 여자 친구에게 안 좋은 영향을 미쳐요. 둘이 늘 함께 노는데, 여자 친구가 걱정돼요.

singles
독신들

love at first sight
첫눈에 반하는 사랑

one night stand
하룻밤 즐긴 사이

Internet love
인터넷으로 만난 연인

couple
연인, 커플

moving in together
동거

moving out
동거의 결렬

breaking up
결별

caught cheating
바람 피우다 걸린

divorce
이혼(하다)

break up with ~와 헤어지다
💬 I've recently broken up with my girlfriend of 4 years.
최근에 4년 사귄 여자 친구와 헤어졌어요.

break up with someone over text
문자로 ~와 헤어지다

💬 My girlfriend broke up with me over text, and she has been ignoring my calls and texts.
제 여자 친구는 문자로 저랑 헤어진 다음 제 전화와 문자를 씹고 있어요.

ignore
무시하다, 씹다

overlap one's relationship 환승 이별하다
💬 My ex-girlfriend overlapped our relationship and I got deeply hurt.
전 여자 친구가 환승 이별을 해서 제가 깊이 상처받았어요.

be hurt 상처를 받다
💬 I've been hurt a lot, so I don't want to see anyone anymore.
상처를 많이 받아서 더 이상 누구도 만나고 싶지 않아요.

trauma 정신적 외상
💬 I'm still dealing with a lot of trauma from my past, especially from the hurt my ex-boyfriend caused me.
전 아직도 많은 과거의 트라우마, 특히 전 남자 친구가 준 트라우마를 감당해 내는 중이에요.

move on (이전 관계에 대한) 미련을 버리다

💬 I still have feelings for my ex, but he has moved on. I am not ready to start a new relationship.

전 아직 남친에 대한 미련이 남아 있지만, 그 사람은 미련을 버렸어요. 저는 새로운 관계를 시작할 준비가 안 됐는데 말이죠.

get back together (with) (~와) 재결합하다

💬 My ex broke up with me cruelly, and now wants to reconcile and get back together again.

전 여자 친구가 저랑 매몰차게 헤어졌는데 이제 다시 화해하고 재결합하기를 원하네요.

wishy-washy 물에 물 탄 듯한

💬 My ex was wishy-washy and didn't want to commit, so I walked away.

전 남자 친구는 물에 물 탄 듯하고 저한테 전념하고 싶어 하지 않았어요. 그래서 제가 그를 떠났지요.

commit
책임을 지다, 전념하다

walk away
떠나다

be built on lies 거짓을 토대로 맺어지다

💬 I've come to realize that our relationship was built on lies.

우리 관계가 거짓을 토대로 맺어진 거란 걸 깨달았어요.

get over 이겨 내다

💬 I still can't get over my first love, so I push away any potential relationships.

전 아직도 첫사랑을 극복하지 못하고 있어서 어떤 연애 관계든 밀어내요.

bust (~가 나쁜 짓 하는 것을) 알아내다

💬 I busted my boyfriend cheating and asked for details.

남자 친구가 바람 피우는 걸 알아내서 전 낱낱이 다 말하라고 했어요.

be stood up 바람맞다

💬 I feel terrible as I was stood up by a girl.

여자한테 바람맞아서 기분이 매우 안 좋아요.

have a fling with ~와 잠시 불장난을 하다

💬 The woman I had a fling with removed me from Instagram after it ended.

저랑 잠시 불장난한 여자가 관계가 끝나자 저를 인스타그램에서 삭제했어요.

cheat on ~를 속이고 바람 피우다

💬 One of my friends cheated on her boyfriend. She asked me to keep the secret, but I ended up telling him.

친구 하나가 자기 남자 친구를 속이고 바람을 피웠어요.
그 애가 비밀을 지키라고 했는데 제가 말해 버렸죠.

연애와 이별

chat up (성적으로 끌리는 사람에게) 말로 수작을 걸다

ogle ~에게 추파를 던지다 drool over ~에게 껄떡대다

one's heart flutters ~의 마음이 설레다

be single and ready to mingle 싱글이라 누구라도 만날 준비가 되어 있다

be deeply in love with ~와 깊은 사랑에 빠지다 fall for ~에게 홀딱 반하다

act interested and back off 관심을 보이다가 손을 떼다

distance oneself from ~에게 거리를 두다

be blinded by love 사랑 때문에 콩깍지가 씌다

situationship 우정과 사랑 사이의 관계

friends with benefits (= FWB) 연인 관계는 아니지만 (성적으로) 서로 즐기는 대상

ex 전 남자/여자 친구 first love 첫사랑 puppy love 풋사랑

secret crush on ~에 대한 짝사랑

soft launching (속어) 연인 관계를 은근히 드러내는 것

intimacy 친밀함 womanizer 호색가 booty call 성관계 유혹을 위한 밀회

get dumped by ~에게 차이다

orbit (속어) 애인과 헤어졌지만 온라인상으로는 주위를 맴돌다

애인 묘사

passive 수동적인 aggressive 지나치게 적극적인 pushy 지나치게 밀어붙이는

all consuming 온통 마음을 다 빼앗는

keep someone on the hook 어장 관리하다

aromantic 성적인 끌림을 느끼지 못하는 out of one's league ~에게 너무 과분한

rose-tinted[colored] 콩깍지가 씌운 breadcrumber 어장 관리하는 사람

나이/ 나이에 대한 생각

나이 009-1

숫자 + years old (나이가) ~살

💬 I am 23 years old.
전 23살이에요.

in one's 20s[twenties] 20대인

💬 I am in my twenties and live alone.
전 20대이고 혼자 살아요.

in one's early/late 30s[thirties] 30대 초반인/후반인

💬 I am in my early thirties and still single.
전 30대 초반이고 아직 싱글이에요.

just turned + 숫자 막 ~살에 접어들었다

💬 I just turned thirty this year.
올해 막 서른 살에 접어들었어요.

the same age as ~와 동갑인

💬 I am the same age as Steve.
전 스티브와 동갑이에요.

숫자 + years apart (나이가) ~살 차이인

💬 My boyfriend and I are 5 years apart.
남자 친구와 전 다섯 살 차이예요.

feel a generation gap 세대 차이를 느끼다

💬 I feel a generation gap between my parents and me.
전 우리 부모님과 세대 차이를 느껴요.

look young for one's age 나이에 비해 젊어 보이다

💬 I'm 25 now and look young for my age. Whenever I go to buy beer, they always ask for my ID. It's annoying.
전 지금 25살인데 나이보다 어려 보여요. 맥주 사러 갈 때마다, 항상 신분증을 달라고 해서 귀찮아요.

look one's age 제 나이로 보이다

💬 I look my age, but I also look fairly good for my age.
전 제 나이로 보이는데요, 나이에 비해 꽤 괜찮아 보여요.

look older than one's age 나이보다 늙어 보이다

💬 I look much older than my real age.
전 실제 나이보다 훨씬 나이 들어 보여요.

(나이에 관하여)

get old 나이가 들다

💬 Getting old is inevitable.
나이 먹는 건 당연한 일이에요.

Age is just a number. 나이는 숫자에 불과하다.

💬 People say age is just a number, but I don't agree. Age is just a number for those who are rich.
사람들이 나이는 숫자에 불과하다고 하지만 전 동의하지 않아요. 나이가 숫자에 불과한 건 부자들에게만 그래요.

the aged 노인들(= the elderly)

💬 The aged should be treated with respect. There is much to be learned from their experience.
노인들께 존경심을 갖고 대해야 해요. 그분들의 경험에서 배울 게 많으니까요.

Act your age! 나잇값 좀 해!

💬 I don't like the expression "Act your age!" You know, you are only as old as you act.

전 "나잇값 좀 해라!"라는 표현이 맘에 안 들어요. 행동하는 만큼 나이가 있는 거잖아요.

equate to
~와 같다

recklessly 무모하게 immaturely 미숙하게

💬 I don't think getting old necessarily equates to getting wise. I often see older people behaving recklessly and immaturely.

나이 드는 게 현명해지는 거랑 같다고는 생각 안 해요. 종종 나이 든 분들이 무모하고 미숙하게 행동하는 걸 보거든요.

have one foot in the grave
죽음이 임박해 있다, 한 발을 관에 넣고 있다

be destined to
die
죽을 운명이다

💬 We are all destined to die. In a sense, each of us already has one foot in the grave.

우리는 죽을 운명이에요. 어떤 의미에서는 우리 모두 관에 한 발을 넣고 있는 거지요.

be afraid of ~을 두려워하다

💬 I am afraid of dying prematurely, but I am also afraid of living too long.

전 너무 빨리 죽을까 봐 무섭기도 하지만, 너무 오래 살까 봐 무섭기도 해요.

| 영유아 | breastfeeding 모유 먹이기 cot 아기 침대 (= baby bed) |

영유아
breastfeeding 모유 먹이기 cot 아기 침대 (= baby bed)
cradle 요람 wriggle 꼼지락거리다 cuddle 껴안다
twitching of the baby's face 배냇짓 change a diaper 기저귀를 갈다
cloth nappy 천 기저귀 infancy 유아기 bring up 양육하다 upbringing 양육

6~7세 전후
repeat silly words 웃기는 단어들을 반복해서 말하다
be wet at night 밤에 오줌을 싸다 get cranky 짜증을 내다
get toilet-trained 변기에서 변을 보는 훈련이 되다
aggressive 공격적인 withdrawn 내성적인

10대 초반
tweens 10대 초반의 아동들 peer pressure 동년배 간의 압박감
strong connection to ~와의 강한 유대관계
at the tender age of ~라는 어린 나이에 at a young age 어린 나이에
in tune with one's peers 동년배들과 어울려 immature 미숙한
pre-teen 사춘기 직전의 moody 기분 변화가 심한 insecure 불안정한
criticize harshly 혹독하게 비난하다 bully 괴롭히다 talk back 말대답하다

사춘기
juvenile 청소년 minority 미성년자 youth 청춘
get through puberty 사춘기를 거치다
be about to hit puberty 사춘기에 막 접어들려고 하다
a growth spurt in height 키가 갑자기 많이 큼, 급성장
start budding 가슴이 나오기 시작하다 have one's period 생리를 하다
skip periods 생리를 거르다 shave one's face 면도하다
one's voice becomes thicker 목소리가 더 굵어지다 get violent 난폭해지다
feel awkward 어색하다 peach fuzz mustache 솜털 수염
emotional 감정적인 precocious 조숙한

20~30대	learn from one's mistakes 실수를 통해 배우다
	make the most out of the prime of one's life 가장 왕성한 인생의 시기(장년기)를 최대한 활용하다
	stay up for days 며칠 동안 밤을 새다 succeed in business 사업에 성공하다
	overlook 간과하다 live up to an image 다른 사람이 세운 자신의 이미지에 맞춰 살다
	perceived by society 사회에 의해 인식되는 vigorous 기력이 왕성한
	grown-up 장성한 attractive 매력적인 a new perspective 새로운 관점

중년	restriction in finance 재정적 제약 menopause 폐경기
	bad (blood) circulation 혈액 순환 장애 empty nester 빈 둥지에 남게 된 부모
	boredom 권태 pensioner 연금 수급자
	adjust to physical changes 신체 변화에 적응하다
	need reading glasses 돋보기가 필요하다 retired 은퇴한
	venerable 덕망이 있는 over the hill 한물간 physically fit 신체적으로 건강한

노년	senior citizens 노인들 long in the tooth 아주 늙은
	permanently ill 영구적으로 아픈 terminally ill 말기 환자인
	susceptible to sickness 병에 걸리기 쉬운 fatigued 피곤한
	doddering (나이가 많아서) 움직임이 자유롭지 못한
	senile 망령이 난 fusty 구식의, 케케묵은
	old fashioned 구식의 embarrassing 당황스러운 odor 악취
	urinary incontinence 요실금 get worse 악화되다
	inner peace 내면의 평화 fortitude 의연함 integrity 온전함
	face death with dignity 품위 있게 죽음을 맞이하다

키/몸무게/외모

010

(키) 010-1

How tall 키가 얼마

💬 How tall are you?
키가 얼마예요?

★ 아주 가깝지 않으면
이렇게 묻는 건
실례가 될 수 있다.

숫자 + cm tall 키가 ~센티미터인

💬 I am 175 cm tall.
저는 키가 175cm예요.

숫자 + feet tall 키가 ~ 피트인

💬 I am 6.4 feet tall.
저는 키가 6.4피트예요.

under + 숫자 + cm tall 키가 ~센티미터가 안 되는

💬 I am under 160 cm tall.
저는 키가 160cm가 안 돼요.

over + 숫자 + cm tall 키가 ~센티미터가 넘는

💬 I am over 180 cm tall.
전 키가 180cm가 넘어요.

look taller than ~보다 커 보이다

💬 I look taller than I am.
전 실제 키보다 커 보여요.

66

rather tall 키가 큰 편인

💬 I am rather tall.

전 키가 큰 편이에요.

rather short 키가 작은 편인

💬 I am rather short.

전 키가 작은 편이에요.

grow tall 크는 중이다

💬 I am growing tall.

전 키가 크는 중이에요.

height 신장, 키

💬 I am depressed about my height.

전 키 때문에 우울해요.

be taller than someone by ... ~보다 …만큼 더 크다

💬 I am taller than my sister by five centimeters.

전 언니보다 5센티미터 커요.

be of + 명사 ~인 상태이다, ~인 것이다 (of는 명사의 속성을 표현함)

💬 I am of average height, weight, and build.

전 키, 몸무게, 체격이 평균치예요.

elevator shoes 키 높이 구두

💬 I like to wear elevator shoes to make myself look taller.

전 더 커 보이게 키 높이 구두를 신는 걸 좋아해요.

height-increasing insoles 키 높이 깔창

insole
(신발의) 깔창

💬 I use height-increasing insoles to appear taller, as many women prefer taller guys.

많은 여성들이 키 큰 남자를 선호해서 전 키가 더 커 보이려고 키 높이 깔창을 사용해요.

complex about one's height 키에 대한 콤플렉스

💬 I am very short and I am starting to develop a complex about my height.

전 키가 너무 작아서 키에 대한 콤플렉스가 생기고 있어요.

stop growing 다 자라다

💬 I wish I were 5 cm taller, but I have stopped growing.

5센티미터만 더 크면 좋겠는데 키가 다 자랐어요.

comment on one's height 키에 대해 언급하다

💬 I feel embarrassed when people comment on my height.

사람들이 제 키에 대해 언급하면 당황스럽죠.

duck one's head 머리를 휙 수그리다

💬 I have to duck my head to get into my car.

차에 타려면 전 머리를 휙 숙여야 해요.

shoulder high to ~의 어깨 높이인

💬 I am just shoulder high to my boyfriend.

전 키가 남자 친구 어깨 높이예요.

(체중)

weigh 몸무게가 ~이다

💬 I weigh 60 kg.

전 60kg 나가요.

overweight 과체중인 ↔ underweight 저체중인

💬 I am overweight.

전 과체중이에요.

💬 I am underweight.

전 저체중이에요.

gain weight easily 살이 쉽게 찌다

💬 I tend to gain weight easily.
전 살이 쉽게 찌는 체질이에요.

no matter how much I eat 아무리 많이 먹어도

💬 I don't gain weight no matter how much I eat.
전 아무리 먹어도 살이 안 쪄요.

obese 비만인 obesity 비만

BMI
(= body mass
 index)

genetically
유전적으로

💬 My BMI indicates that I am obese.
체질량 지수를 보니 전 비만이에요.

💬 Obesity runs in my family genetically.
비만은 유전적으로 가족력이에요.

lose weight 체중이 줄다

💬 Last year, I gained too much weight, which
made me feel less confident about myself.
I want to lose weight quickly.
작년에 몸무게가 너무 늘었고, 이것 때문에 자신감이 줄었어요.
빨리 몸무게를 줄이고 싶어요.

put on weight 살이 찌다

💬 I've put on a little weight recently.
최근에 살이 약간 쪘어요.

slim down 살을 빼다

💬 I have slimmed down to 60 kg.
제가 60kg까지 살을 뺐어요.

of average weight 체중이 평균인

💬 I am of average weight, but I have a family history of high cholesterol.

전 평균 체중이지만 고지혈증 가족력이 있어요.

anorexia 거식증 bulimic tendency 폭식증적 성향

💬 I suffer from anorexia and bulimic tendencies. After losing 7 kilograms, I started to turn to binge eating.

전 거식증과 폭식증적 성향으로 고생하고 있어요. 7킬로그램을 뺀 다음에, 폭식으로 바뀌기 시작했어요.

binge eat
폭식하다

(체형)

bony 깡마른 lanky 껑충한

💬 Whenever I try on a pair of skinny jeans, I check to see if I look okay or if I appear bony and lanky.

딱 붙는 청바지를 입어 볼 때마다, 보기에 괜찮은지 아니면 깡마르고 껑충해 보이는지 체크해요.

skinny 깡마른

💬 I have many friends who tell me they'd love to be as skinny as I am.

저처럼 마르고 싶어 죽겠다고 말하는 친구들이 많아요.

would love to
~하고 싶어 하다

slender 날씬한, 호리호리한

💬 I don't work out at all, but I am slender, while my sister is big-boned and appears overweight.

전 운동을 전혀 안 하지만 날씬한데, 제 동생은 통뼈라서 과체중으로 보여요.

skinny shame 말랐다고 창피를 주다 ↔ fat shame 뚱뚱하다고 핀잔을 주다

💬 My friends skinny shame me and judge my appearance.

친구들은 제가 말랐다고 창피를 주고 제 외모를 평가해요.

💬 My girlfriend always fat shames me and nags me to lose weight.

여자 친구는 언제나 제가 뚱뚱하다고 핀잔을 주면서 살을 빼라고 바가지를 긁어요.

chubby 통통한

💬 I am a bit chubby, but I don't look chubby at all. However, I know I need to melt away some belly fat.

전 약간 통통한데 전혀 통통해 보이지 않아요. 하지만 복부 지방을 좀 빼야 한다는 건 알고 있어요.

visceral fat 내장 지방

💬 The doctor told me my visceral fat is too high and recommended increasing my basal metabolic rate and muscle mass to reduce it.

의사는 제게 내장 지방이 너무 많고, 그걸 줄이려면 기초대사율과 근육량을 높이라고 권고했어요.

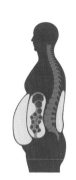

big tummy 불룩 나온 배 (= large belly, pot belly)

💬 I have a skinny body but a big tummy.

전 몸은 빼빼 말랐는데 배가 나왔어요.

get bigger and bigger 점점 더 굵어지다
↔ get thinner and thinner 점점 더 얇아지다

💬 My waistline is getting bigger and bigger, so my jeans don't fit.

허리 라인이 점점 더 두꺼워져서 청바지가 맞지 않아요.

have a nice figure 몸매가 좋다

💬 My face looks average, but I have a nice figure.

전 얼굴은 보통이지만 몸매가 좋아요.

have thick[big] thighs 허벅지가 두껍다
↔ have thin thighs 허벅지가 얇다

💬 My upper body is skinny, but I have thick thighs.

전 상체는 날씬한데 허벅지가 두꺼워요.

have broad shoulders 어깨가 넓다

↔ **have narrow shoulders** 어깨가 좁다

💬 I have broad shoulders and a decently wide pelvis.
전 어깨가 넓고 골반도 적당히 넓어요.

pelvis
골반

in good shape 상태가 좋은, 건강이 좋은

💬 I think I am in good shape weight-wise but my overall health is poor. (= I am in bad shape fitness-wise.)
전 체중 면에서는 상태가 좋지만 전반적인 건강은 안 좋아요.
(건강 면에서는 상태가 나빠요.)

weight-wise
체중 면에서

fitness-wise
건강 면에서

wear size + 숫자 + shoes ~ 사이즈의 신발을 신다

💬 I have big feet. I wear size 270 shoes, which is about a size 10 in American sizing.
전 발이 커요. 270 사이즈 신발을 신는데, 미국 사이즈로 치면 10 정도 되지요.

얼굴 특징/인상

sharp 날카로운

💬 My jawline is very sharp.
저는 턱선이 매우 날카로워요.

dimple 보조개

💬 I have dimples when I smile.
전 웃을 때 보조개가 생겨요.

freckle 주근깨

💬 I used to have a lot of freckles, but now they have faded.
전 옛날엔 주근깨가 많았는데 지금은 사라졌어요.

double eyelid 쌍꺼풀

💬 I have monolids, but my sister has double eyelids.
전 쌍꺼풀이 없는데, 언니는 쌍꺼풀이 있어요.

have a high nose bridge 콧날이 오똑하다
💬 My sister has a high nose bridge, but I have a low nose bridge.
언니는 콧날이 오똑한데 전 콧날이 낮아요.

have big/small eyes 눈이 크다/작다
💬 I have been getting bullied for having big eyes.
전 눈이 크다고 놀림을 받아 왔어요.

oval-shaped 타원형인, 달걀형인
💬 My face is oval-shaped and relatively small compared to my body.
제 얼굴은 달걀형이고 몸에 비해 상대적으로 작아요.

on the round side 둥근 편인
💬 My cheeks are a bit on the round side but I want to have hollow cheeks like a model.
전 뺨이 좀 둥근 편인데 모델처럼 움푹 꺼진 뺨을 원해요.

prominent 앞으로 툭 튀어나온
💬 My cheekbones are wide and high but not very prominent.
제 광대뼈는 넓고 높지만 아주 튀어나오지는 않았어요.

facial features 이목구비

💬 I have well-proportioned, well-defined facial features.

전 균형 잡히고 또렷한 이목구비를 지녔어요.

fierce 사나운

💬 I want to soften my fierce facial features.

사나워 보이는 제 이목구비를 부드럽게 만들고 싶어요.

double chin 이중턱

💬 I am kind of skinny but I have a double chin. I have exercised hard but it doesn't go away.

전 좀 마른 편인데 턱이 이중턱이에요. 열심히 운동했지만 없어지지 않네요.

overbite 아랫니보다 윗니가 훨씬 앞으로 튀어나온 이 모양

💬 Due to my overbite, I have a receding chin. I may need to wear braces to pull my lower jaw forward.

아랫니보다 윗니가 훨씬 앞으로 튀어나와서 턱이 움푹 들어갔어요. 아래턱을 앞으로 당기려면 치아 교정기를 끼어야 할지도 몰라요.

brace
치아 교정기

bulbous 둥글납작한

💬 My nostrils are wide, and the tip of my nose is bulbous. I want to get a nose job (rhinoplasty).

전 콧구멍이 넓고 코끝이 둥글납작해요. 코 성형 수술을 받고 싶어요.

get a nose job
코 성형 수술을 받다

proportion 비율

💬 I'm unhappy with the proportion of my facial features; my eyes are too wide apart, and my lips are too small.

전 제 이목구비 비율이 맘에 안 들어요. 눈 사이가 너무 멀리 떨어져 있고 입술도 너무 작아요.

well-aligned 고른, 잘 정렬된 ↔ **crooked** 삐뚤삐뚤 휜

💬 I have straight, well-aligned teeth but my sister has crooked teeth.
전 이가 고르고 가지런한데, 여동생은 치아가 삐뚤삐뚤해요.

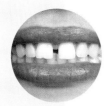

get rid of ~을 없애다

💬 I really want to get rid of a gap in my frontal teeth; I want to look more attractive when I smile.
전 정말 앞니 사이의 간격을 없애고 싶어요. 웃을 때 좀 더 매력적으로 보이고 싶거든요.

refined 군더더기 없는

💬 I'd like to have a sharp, v-shaped face with a refined jawline.
군더더기 없는 턱선에 날렵한 V자 얼굴을 갖고 싶어요.

얼굴형/인상을 나타내는 기타 표현 010-2

square 사각형인 **round** 둥근 **diamond** 마름모꼴인 **heart** 하트 모양의
pear-shaped 턱선 끝이 이마 폭보다 더 넓은 **oblong** 길쭉한 **chiseled** 윤곽이 뚜렷한
lived-in 나이 들고 노련해 보이는 **fine** 멋진 **furrowed** 이마에 깊은 주름이 있는
sculpted 조각한 듯한 **weather-beaten** 햇빛에 타고 그을린
hatchet-faced 매우 길고 날카롭게 생겨 기분 나빠 보이는
have smile lines 팔자주름이 있다

appearance 외모

💬 I am happy with my appearance; I have a small face compared to my body size.
전 제 외모가 맘에 들어요. 몸에 비해 얼굴이 작아서요.

feminine 여성스러운

💬 I still have a feminine appearance even with short hair.
전 머리가 짧아도 여전히 여성스러운 외모예요.

baby-faced 앳된 얼굴의

💬 I am baby-faced so I look way younger than I am.
전 앳된 얼굴(동안)이라 실제보다 훨씬 어려 보여요.

be obsessed with ~에 집착하다

💬 I am not obsessed with my appearance.
전 외모에 집착하는 편은 아니에요.

💬 I am obsessed with my looks and literally take hundreds of pictures every day.
전 외모에 집착해서 정말 말 그대로 매일 수백 장의 사진을 찍어요.

literally
말 그대로

enjoy the way I am 현재 상태 그대로의 나를 좋아하다

💬 I know I am gaining weight, but I don't care because I enjoy the way I am.
체중이 계속 늘고 있는 건 알지만 상관없어요. 현재 상태 그대로의 저를 좋아하니까요.

pretty 예쁜

💬 I am pretty, but I've never been asked out.
전 예쁜데 데이트 신청을 한 번도 받아본 적이 없어요.

handsome (남성이) 잘생긴

💬 I am a handsome man with a charming personality.
전 성격 좋은 잘생긴 남자예요.

stylish 맵시 좋은

💬 I am not that stylish.
전 그다지 맵시가 좋지 않아요.

look good while smiling 웃을 때 예쁘다

💬 I look good while smiling; I would rate my smile 9/10.
전 웃을 때 예뻐요. 제 미소는 10점 만점에 9점이에요.

have clear and healthy skin 피부가 맑고 건강하다

💬 I have clear and healthy skin, just like my mom.
전 저희 엄마처럼 피부가 맑고 건강해요.

look like ~처럼 생기다

💬 What do you look like?
당신은 어떻게 생겼어요?

Cf. What are you like? 당신은 어떤 사람이에요? (성격에 대한 질문)

first
impression
첫인상

make a good impression 좋은 인상을 주다

💬 I usually make a good first impression.
전 보통 좋은 첫인상을 줘요.

look good 잘생기다 ↔ look bad 못생기다

💬 People say I look good.
사람들이 제가 잘생겼다고 해요.

💬 I look good in person but bad in photos.
전 실제로 보면 잘생겼는데 사진은 못생기게 나와요.

attractive 매력적인

💬 I think I look attractive.
전 매력적인 것 같아요.

easy on the eyes 보기 좋은, 예쁜

💬 My friends tell me I am easy on the eyes.
친구들은 제가 예쁘게 생겼다고 해요.

good-looking 잘생긴

💬 I am good-looking, attractive, and well-read.
전 잘생겼고, 매력적이고, 박식하죠.

well-read
박식한

drop-dead gorgeous 아주 매력적인

💬 I look fairly good, not drop-dead gorgeous, but with a fine personality.
전 엄청나게 매력적이진 않지만 성격도 좋고 꽤 괜찮게 생겼어요.

drop-dead
넋을 쏙 빼 놓을 정도로

not A but B either A는 아니지만 B도 아니다

💬 I know I am not exceptionally pretty but I am not bad either.
제가 그렇게 예쁘지 않다는 건 알지만 그렇다고 못생긴 편도 아니에요.

just look like ~와 빼닮다

💬 I always thank my parents for the genes that gave me these good looks; I just look like my father.
전 이런 좋은 외모를 준 유전자에 대해 늘 부모님께 감사해요.
전 아버지를 쏙 빼닮았어요.

butterface 몸매는 좋으나 얼굴은 안 예쁜 여자

💬 Throughout my life, I've been called a butterface.
전 몸매는 좋은데 얼굴은 안 예쁜 애라는 소리를 평생 들었어요.

feel flattered 몸둘 바를 모르다

💬 I feel flattered when someone compliments me on my looks.
누군가 내 외모를 칭찬하면 몸둘 바를 모르겠어요.

키	have a small stature 키가 작다 measure one's height 키를 재다 short stature 작은 신장 too short for a man 남자치고는 너무 작은 the average height 평균 신장
체중, 체형	a bag of bones 깡마른 사람 gorgeous 아주 매력적인 scruffy 추레한 curvy 굴곡이 뚜렷한(가슴과 엉덩이가 크고 개미 허리인) flabby 축 늘어진 plump 토실토실한 well-built 체격이 좋은 leggy 다리가 긴 bowlegged 내반슬의 knock-kneed 안짱다리인, 외반슬의
얼굴 특징, 인상	countenance 얼굴 표정 complexion 안색 dimpled 보조개가 들어간 craggy 우락부락하게 생긴 full-faced 볼이 탐스러운, 얼굴이 둥근 fresh-faced (얼굴이) 어리고 건강한, 동안의 unlined 주름 하나 없는(= with no wrinkles) evil-looking 인상이 안 좋은 homely 평범하고 특별히 매력적이지 않은 pathetic 찌질한 frown 얼굴을 찡그리다 give a good first impression 좋은 첫인상을 주다 leave a deep impression 깊은 인상을 남기다
뺨의 형태	hollow 움푹 꺼진 sunken 꺼진 plump 통통한 chubby 토실토실한 thin 가는 fat 뚱뚱한 flat 밋밋한 full 살이 차서 예쁘게 통통한
코의 형태	narrow 좁은 bump in bridge of nose 콧날이 혹처럼 움푹 솟아오름 hooked nose 휜 코 upturned nose 들창코
눈의 형태	sunken eyes, deep-set eyes 움푹 들어간 눈 hooded eyes 눈꺼풀이 내려와 반쯤 덮은 눈 protruding eyes 튀어나온 눈 wide-set eyes 눈 사이 간격이 넓은 눈 close-set eyes 눈 사이 간격이 좁은 눈
치아 형태	dental crowding 치아 밀집 slanted teeth 옆으로 기운 치아 uneven teeth 치열이 고르지 않은 치아

학력/일

011

011-1

college 전문대, 단과대

💬 I am planning to attend a community college and then transfer to a university.

커뮤니티 칼리지(지역 전문대학)에 다닌 다음에 4년제 대학으로 옮길 계획이에요.

university 4년제 대학교

💬 My parents are pressuring me to attend university, but I'm not interested in pursuing further studies.

부모님이 (4년제) 대학에 가라고 강요하시지만 전 공부를 더 하는 것에 흥미가 없어요.

prestigious university 명문대

💬 I got accepted into a prestigious university.

전 명문대에 합격했어요.

College of Engineering 공과대학

💬 I am a BTech 2nd year student at Berkeley College of Engineering.

버클리 공대 기술대 학사 2학년이에요.

School of Business 경영대학원

💬 I applied to the School of Business as an Economics major with a GPA of 3.84.

전 3.84학점 경제학 전공자로 경영대학원에 지원했어요.

Cf. College of Business Studies 경영대

College of Humanities 인문대

💬 I've been pursuing my bachelor's degree at College of Humanities.
전 인문대에서 학사 학위를 받으려고 공부하는 중이에요.

Cf. College of Biology, Health and Medicine 생명과학대
College of Information and Technology 정보기술대

major in ~을 전공하다

💬 I majored in statistics during my undergraduate studies.
전 학부에서 통계학을 전공했어요.

pursue a dual major 복수 전공하다

💬 I pursued a dual major in psychology and philosophy.
전 심리학과 철학을 복수 전공했어요.

department 과

💬 I would like to know more about the Biology Department at Harvard University.
하버드 대학 생물학과에 대해 더 알고 싶어요.

transfer 편입생

💬 I was admitted to Berkeley as a transfer after retaking the SATs.
SAT 시험을 다시 치르고 버클리에 편입생으로 입학했어요.

bachelor's degree 학사 학위

💬 I have a bachelor's degree in visual art and work as a graphic designer.
전 시각 예술 학사 학위가 있고, 그래픽 디자이너로 일하고 있어요.

master's degree 석사 학위

💬 I have two master's degrees, but I'm struggling to find a job.
전 석사 학위가 두 개나 있지만, 일자리를 구하지 못하고 있어요.

PhD degree 박사 학위

💬 I earned my PhD degree in humanities several years ago.
전 몇 년 전에 인문학 박사 학위를 받았어요.

humanities
인문학

cram for an exam 시험 공부를 벼락치기로 하다

💬 When I cram for an exam, I read my class notes several times and create an outline for each class.
시험 공부를 벼락치기로 할 때, 전 해당 과목 필기 내용을 몇 번씩 읽고 각 수업을 요약해요.

flunk 낙제하다

💬 I flunked this semester, so I am not eligible for financial aid.
전 이번 학기 낙제해서 학자금 지원을 신청할 수가 없어요.

be eligible for
~할 자격이 있다

(학력)

high school graduate 고졸자

💬 I am a high school graduate, but I don't want to attend a university.
전 고졸인데요, 대학에 가고 싶지는 않아요.

college graduate 대졸자

💬 I am a college graduate, but I don't have a job.
전 대졸인데 직장이 없어요.

graduate from ~를 졸업하다

💬 I graduated from high school last year, but unfortunately, I was denied admission to college.
전 작년에 고등학교를 졸업했지만 유감스럽게도 대학에 떨어졌어요.

💬 I graduated from the University of Michigan in 2017.
전 2017년에 미시건 대학교를 졸업했어요.

decent 괜찮은, 변변한

💬 I can't get a decent job because I don't have a college degree.
대학 학위가 없어서 변변한 일자리를 구할 수가 없어요.

be saddled with debt 빚더미에 올라 있다

💬 I received a student loan so I am saddled with debt. Now I am behind on payments.
전 학자금 대출을 받아서 빚더미에 올라 있어요. 지금은 융자금 납부가 연체되어 있고요.

drop out of college 대학교를 중퇴하다

💬 I was unmotivated so I dropped out of college and now I regret.
동기 부여가 되지 않아 대학을 중퇴했는데 지금은 후회해요.

spend a fortune 큰돈을 쓰다

screw someone
over
~를 골탕 먹이다

💬 I regret not going to college sometimes but spending a fortune on a college degree might have screwed me over!
때때로 대학에 안 간 것을 후회하지만, 대학 학위에 큰돈을 쓴 것이 절 골탕 먹였을 수도 있어요!

be prejudiced against ~에 대해 편견을 갖다

💬 I am not prejudiced against uneducated or unintelligent people.
전 못 배우거나 똑똑하지 않은 사람들에 대해 편견은 없어요.

apply for a position 직책에 지원하다

💬 I applied for the position even though I don't meet all the requirements.

모든 요구 조건에 부합하지 않는데도 전 그 직책에 지원했어요.

job opening 일자리

💬 I sent my resume to over 10 job openings.

10군데 넘는 일자리에 이력서를 보냈어요.

qualified for ~에 적임인

💬 I am qualified for the position due to my previous experience.

이전에 경험이 있기 때문에 제가 이 일자리에 적임이에요.

colleague 직장 동료

💬 One of my colleagues is very mean to me.

직장 동료 중 한 명이 저한테 되게 못되게 굴어요.

supervisor 직장 상사

💬 My supervisor is always telling me what to do.

상사는 제게 항상 뭘 할지 지시를 해요.

immediate supervisor 직속 상사

💬 My immediate supervisor assigned me a difficult task.

직속 상사가 제게 어려운 업무를 맡겼어요.

get stressed by ~ 때문에 스트레스를 받다

💬 I get stressed by deadlines all the time.

전 마감일 때문에 항상 스트레스를 받아요.

a day off 하루 휴가

💬 I requested a day off via text message.
문자로 하루 휴가를 요청했어요.

change jobs 직장을 옮기다

💬 I change jobs twice a year because I lose interest after a few months.
전 (입사 후) 몇 개월 후에는 흥미를 잃어서 직장을 일 년에 두 번은 옮겨요.

stall
멎다

stay at the same company for ~ 동안 같은 회사에 다니다

💬 I've stayed at the same company for a long time, so I am worried that my professional development may have stalled.
같은 회사에 오래 다니고 있어서 직업적 발전이 멈춘 건 아닌지 걱정돼요.

valued 소중한

💬 In my opinion, experience is valued more in the workplace than knowledge.
제 의견으로는, 직장에서는 경험이 지식보다 더 중요해요.

be late for work 회사에 지각하다

💬 I overslept and ended up being late for work.
늦잠을 자서 회사에 지각했어요.

make up for ~ ~을 (추가 근무 등으로) 때우다

💬 I stayed up late and ended up being an hour late for work, so I had to make up for lost time.
늦게 자서 회사에 한 시간 늦었고, 그래서 놓친 시간을 (일을 더 해서) 때워야 했어요.

on one's commute to ~로 출퇴근 중에

💬 I listen to music on my daily commute to work.
전 매일 출퇴근하는 길에 음악을 들어요.

Sunday night blues (다음 날이 출근하는 날이라 겪는) 일요병

💬 I couldn't shake off the Sunday night blues yet.
전 아직도 일요병을 극복하지 못했어요.

Cf. Monday blues 월요병

let someone off the hook
~를 곤경에서 모면하게 해 주다, 봐주다

💬 I am about to get fired for a mistake. I wish they could let me off the hook just this once.
실수를 저질러서 해고당하기 직전이에요. 이번 한 번만 봐주면 좋겠어요.

(일/업무)

behind schedule 스케줄이 밀린

💬 As far as the project is concerned, I am behind schedule.
프로젝트에 관해서는, 전 스케줄이 밀렸어요.

catch up on 밀린 일을 따라잡다

💬 I need to catch up on my work.
밀린 일을 따라잡아야 해요.

proficient 능숙한

💬 I am proficient in programming.
전 능숙한 프로그래머예요.

relatively new 비교적 처음 접하는

💬 I am relatively new to this field.
이 분야는 제가 비교적 처음이에요.

workaholic 일 중독자

💬 I keep working because I am a workaholic.
전 일 중독자라서 계속 일만 해요.

have a career in ~ 분야의 직업이 있다

💬 I have a career in photography.
전 사진 분야에서 활동하고 있어요.

adept at ~에 능숙한

💬 I am quite adept at using Photoshop.
전 포토샵을 사용하는 데 아주 능숙해요.

go back to square one 원점으로 돌아가다

💬 I will go back to square one and try again.
원점으로 돌아가서 다시 해 볼 거예요.

go back to
square
원점으로 돌아가다

be related to ~과 관련이 있다

💬 My career is not related to my degree at all.
제가 하는 일은 제 학위랑은 전혀 관계가 없어요.

meet the deadline 마감일을 맞추다

💬 It's hard for me to meet the deadline for any project.
어느 프로젝트든 전 마감일을 맞추는 게 힘들어요.

Cf. procrastinate 일을 질질 미루다

be up to one's eyeballs in work 일이 많아 깔려 죽을 지경이다

💬 I am up to my eyeballs in work and I am overwhelmed.
일이 많아 깔려 죽을 지경이고, 제겐 너무 벅차요.

feel overwhelmed with ~에 치어 벅차다

💬 I just started my first job, and feel overwhelmed with project deadlines.
막 첫 번째 직장을 시작했는데 프로젝트 마감일에 치이고 있어요.

(업무 스타일)

work hard 열심히 일하다

💬 I work hard and play hard.
전 열심히 일하고 열심히 놀아요.

go by the book 원칙대로 진행하다

💬 I go by the book when it comes to my work.
전 일에 대해선 원칙대로 진행해요.

punctual 시간을 엄수하는

💬 I am very punctual. Being late to work is unprofessional.
전 시간을 절대 엄수해요. 지각하는 건 아마추어나 하는 거예요.

cut corners 대충 후딱 해치우다

💬 I am serious about my work and I don't like to cut corners.
전 일에 대해선 진지하고 대충 후딱 해치우는 걸 좋아하지 않아요.

learn the ropes 기본 요령을 배우다

💬 I am trying to figure out the best way to learn the ropes at my new company.
전 새 회사에서 기본 요령을 익히는 가장 좋은 방법을 파악하려고 하고 있어요.

burn the candle at both ends 온몸을 불태워 무리해서 하다

💬 I continued to burn the candle at both ends, working late into the night.
밤 늦게까지 일을 하며 온몸을 불태워 무리해서 계속 일을 했어요.

give it one's best shot 최선을 다하다

💬 I know the team tryout is very competitive but I am willing to give it my best shot.

팀 선발 심사가 매우 경쟁이 치열하다는 건 알지만, 전 기꺼이 최선을 다해 볼 거예요.

call it a day 하루 일과를 마치다

💬 As I couldn't focus on the project, I decided to call it a day.

프로젝트에 집중할 수가 없어서, 오늘 업무는 마치기로 했어요.

학력/학교	GPA (= grade point average) 평점 professor 교수 alumni 동창
	freshman 1학년(생) sophomore 2학년(생) junior 3학년(생) senior 4학년(생)
	course 과정 required subject 필수 과목 elective subject 선택 과목
	get a scholarship 장학금을 받다 get an A in English 영어에서 A를 받다
	take a semester off 한 학기 휴학하다
	write a paper on ~에 대한 논문(리포트)을 쓰다
	goof around 농땡이를 부리다 fail 낙제하다 put off 미루다
동료 묘사	astute at ~에 빈틈없는 insightful 통찰력 있는 logical 논리적인
	practical 현실적인 thoughtful 생각이 깊은 calculating 계산적인
	ingenious 재간이 많은 unprecedented 전대미문의 keen on ~에 열중하는
	driven 투지가 넘치는 persistent 집요한 alert 정신이 초롱초롱한, 기민한
	persuasive 설득력 있는 cooperative 협력하는 agile 날렵한, 민첩한
	adaptable 적응력이 빠른 shrewd 상황 판단이 빠른 out of work 실직한
	competent 유능한 genuine 참된, 진짜인 spirited 팔팔한 devoted 헌신적인
	resilient 굴하지 않는, 탄력 있는 consistent 한결같은 experienced 노련한
업무 처리	get the ball rolling 일을 시작하다
	put on the back/front burner 보류하다/최우선으로 처리하다
	cut to the chase 본론으로 들어가다 beat around the bush 빙빙 돌려 이야기하다
	be in hot water 위험에 처하다 the bottom line is that 핵심은 ~이다
	articulate 생각이나 감정을 분명히 말하다 have good teamwork 팀워크가 좋다
	crunch the numbers 계산기를 (하나하나) 두드려 보다
	slack off on ~에 농땡이를 피우다 be gone for the day 퇴근하다
	get the sack 목이 날아가다, 해고당하다(= get fired, get canned)
	Let's call it a day! 오늘 일은 여기까지 합시다!
회사	glass ceiling 유리 천장(눈에 보이지 않는 승진의 장벽)
	rank and file employees 평직원들 ballpark figure 대략적인 수치(어림셈)
	in the red/black 적자인/흑자인 groundbreaking 획기적인
	cutting-edge 최첨단의

90

나의 성격
장점/단점/태도

012

성격 012-1

cheerful 쾌활한
💬 I am a cheerful and happy person.
전 쾌활하고 행복한 사람이에요.

outgoing 외향적인 confident 자신감 있는
💬 I am outgoing and confident.
전 외향적이고 자신감이 넘쳐요.

be satisfied
with
~에 만족하다

💬 I am very confident and satisfied with myself.
전 매우 자신감이 넘치고 제 자신에게 만족해요.

generous 관대한
💬 I am kind and generous to others.
전 다른 사람들에게 친절하고 관대해요.

friendly with ~에게 잘 대해 주는
💬 I am friendly with all the people around me.
전 제 주변 모든 사람들에게 잘 대해 줍니다.

talk about oneself 자신에 대해 말하다
💬 I don't like to talk about myself.
전 제 얘기하는 거 안 좋아해요.

arrogant 건방진
💬 I don't like arrogant and impolite people.
전 건방지고 무례한 사람들을 싫어해요.

unreliable 믿음이 가지 않는

💬 My girlfriend often tells me that she finds me unreliable.
여자 친구가 저한테 종종 제가 믿음이 가지 않는다고 말해요.

be[get] carried away 정신줄을 놓다, 흥분하다

💬 I have a tendency to get carried away easily and sometimes I throw tantrums.
전 쉽게 정신줄을 놓는 경향이 있고, 가끔씩 짜증도 부려요.

aggressive 적극적인

💬 I am determined and aggressive when it comes to pursuing a goal.
전 목표를 추구하는 점에 있어서는 단호하고 적극적이에요.

determined
단호한

people person 사람들과 어울리는 걸 좋아하는 사람, 사교적인 사람

💬 I am a people person so I am adept at mingling with others.
전 사교적이어서 사람들과 잘 어울려요.

feel like a wallflower 꿔다 놓은 보릿자루 같은 기분이 들다

💬 I like keeping to myself and interacting with one or two friends only. In most social situations, I feel like a wallflower.
전 사람들과 잘 안 어울리고 한두 친구하고만 교류하는 게 좋아요. 대부분의 사회적 상황에서, 전 꼭 꿔다 놓은 보릿자루처럼 느껴져요.

wallflower
파티에서 파트너가 없어서
춤을 추지 못하는 사람,
인기가 없는 사람

introvert 내성적인 사람 ↔ extrovert 외향적인 사람

💬 I am an introvert and I prefer not to socialize with others.
전 내성적이라서 다른 사람들과 어울리지 않는 게 더 좋아요.

💬 If I pretend to be an extrovert, it drains my energy a lot.
전 외향적인 사람인 척을 하면, 에너지가 많이 고갈돼요.

larger than life 이목을 끄는, 오버하는

💬 I think I am an extrovert so sometimes I come across as larger than life.

전 외향적인 사람이라서 때론 오버한다는 인상을 주기도 해요.

stubborn, headstrong 고집이 센

💬 I am very stubborn. I do everything my way and don't listen to any ideas that anyone has brought to my attention.

전 매우 고집불통이에요. 뭐든 제 방식대로 하고 누군가 제게 알려 주는 생각들을 듣지 않아요.

narrow-minded 속이 좁은

↔ open-minded 마음이 넓고 속이 트인

💬 I am neither narrow-minded nor conservative. I am rather open-minded.

전 편협하지도 보수적이지도 않아요. 오히려 마음이 넓고 속이 트인 편이에요.

ESTJ

the executive type 경영자형

extroverted 외향적인, sensing 감지하는, thinking 사고하는, judging 판단하는

ESTJ is the opposite personality type of INFP.
ESTJ는 INFP와 반대되는 성격 유형이에요.

ENTJ

the commander type 통솔자형

extroverted 외향적인, intuitive 직관적인, thinking 사고하는, judging 판단하는

What is it like to be an ENTJ? ENTJ인 사람은 어떤 건가요?

ESFJ

the consul type 집정관형

extroverted 외향적인, sensing 감지하는, feeling 느끼는, judging 판단하는

What are ESFJs not good at? ESFJ인 사람들이 잘 못하는 것은 무엇인가요?

ENFJ

the protagonist type 선도자형

extroverted 외향적인, intuitive 직관적인, feeling 느끼는, judging 판단하는

What does an ENFJ female value most in a relationship?
ENFJ 여성이 관계에서 가장 중요하게 여기는 것은 무엇인가요?

ISTJ

the logistician type 현실주의자형

introverted 내성적인, sensing 감지하는, thinking 생각하는, judging 판단하는

What are the most common differences between ISTJ and ISFJ?
ISTJ와 ISFJ의 가장 일반적인 차이는 무엇인가요?

ISFJ

the defender type 수호자형

introverted 내성적인, sensing 감지하는, feeling 느끼는, judging 판단하는

How can I tell if someone is an ISFJ or an ISTJ?
누가 ISFJ인지 ISJT인지 어떻게 분간할 수 있나요?

INTJ

the architect type 전략가형

introverted 내성적인, intuitive 직관적인, thinking 생각하는, judging 판단하는

What are the most suitable career options for an INTJ personality type?
INJT 성격 유형인 사람에게 가장 적합한 직업적 선택은 무엇인가요?

INFJ

the advocate type 옹호자형

introverted 내성적인, intuitive 직관적인, feeling 느끼는, judging 판단하는

Do INFJ and INTJ make a good match? INFJ와 INTJ는 잘 어울리나요?

ESTP

the entrepreneur type 사업가형

extroverted 외향적인, sensing 감지하는, thinking 생각하는, perceiving 인지하는

How compatible are ESTPs and ESFPs as business partners?
동업자로 ESTP와 ESFP는 얼마나 잘 어울리나요?

ESFP

the entertainer type 연예인형

extroverted 외향적인, sensing 감지하는, feeling 느끼는, perceiving 인지하는

What character is ESFP? ESFP는 어떤 성격인가요?

ENTP

the debator type 변론가형

extroverted 외향적인, intuitive 직관적인, thinking 생각하는, perceiving 인지하는

ENTPs are typically friendly and humorous.
ENTP는 전형적으로 친절하고 유머 감각이 있어요.

ENFP

the campaigner type 활동가형

extroverted 외향적인, intuitive 직관적인, feeling 느끼는, perceiving 인지하는

Those with the ENFP personality traits truly enjoy helping others grow.
ENFP 성격 특성을 지닌 사람들은 진정으로 다른 사람들이 발전하도록 돕는 것을 즐거워해요.

ISTP

the virtuoso type 장인형

introverted 내성적인, sensing 감지하는, thinking 생각하는, perceiving 인지하는

ISTPs are good at using tools of every type.
ISTP 유형 사람들은 모든 종류의 도구를 잘 사용해요.

ISFP

the adventurer type 모험가형

introverted 내성적인, sensing 감지하는, feeling 느끼는, perceiving 인식하는

MY MBTI is ISFP, which has some similarities with ISTPs.
내 MBTI는 ISFP인데 ISTP와 비슷한 점들이 좀 있어요.

INTP

the logician type 논리술사형

introverted 내성적인, intuitive 직관적인, thinking 생각하는, perceiving 인지하는

INTPs are reserved, thoughtful and logical.
INTP인 사람들은 내성적이고 사려 깊고 논리적이에요.

INFP

the mediator type 중재자형

introverted 내성적인, intuitive 직관적인, feeling 느끼는, perceiving 인지하는

INFPs value inner harmony and are vulnerable and idealistic.
INFP인 사람들은 내적 조화를 중요시하고 상처받기 쉽고 이상주의적이에요.

be good at ~을 잘하다

💬 I am good at memorizing things, so I prefer memorization over understanding.

전 암기를 잘해서 이해보단 암기하는 편을 선호해요.

excel at ~을 뛰어나게 잘하다

💬 I excel at singing and playing the piano at the same time.

전 노래를 부르며 동시에 피아노를 치는 걸 아주 잘해요.

be enthusiastic about ~에 열정적이다

💬 I am enthusiastic about learning new technologies.

전 신기술을 배우는 데 열정적이에요.

have nerves of steel 강심장이다

💬 I have nerves of steel so I stand tall no matter what obstacle comes my way.

전 강심장이라서 어떤 장애가 닥쳐도 당당해요.

stand tall
당당하다

come in handy 도움이 되다

💬 I like tinkering around with gadgets at home and this has come in handy when I deal with software programs.

전 집에서 기계 장치 만지작거리는 걸 좋아하는데 이것이 소프트웨어 프로그램을 다룰 때 도움이 돼요.

clumsy 서투른

💬 I am clumsy and awkward, so I always end up breaking or spilling whatever I touch.

전 어설프고 서툴러서 언제나 만지는 것마다 깨트리거나 쏟아요.

awkward
어색한, 서투른

be terrible at ~을 못하다

💬 I used to be terrible at math but now I am good.

전 예전에 수학을 진짜 못했는데 지금은 잘해요.

be awful at ~이 형편없다

💬 I want to be an artist but I am awful at drawing. I'm considering whether I should focus on something I excel at instead.

전 화가가 되고 싶지만 그림 실력은 형편없어요. 제가 잘하는 것에 집중해야 할지 궁리 중이에요.

used to have difficulty in (과거엔) ~이 힘들었다

💬 I used to have difficulty in saying "NO" when my friends asked to borrow money from me.

과거엔 친구들이 돈을 좀 빌려 달라고 하면 거절하는 게 힘들었어요.

neither A nor B A도 B도 아닌

💬 I am neither good at cooking nor sewing. The only thing I truly enjoy the most is watching TV.

전 요리도 못하고 바느질도 못해요. 제가 정말로 즐기는 유일한 것은 TV 시청이에요.

jack of all trades 팔방미인

💬 I am a jack of all trades, master of none.

전 이것저것 할 줄 아는 건 많은데(팔방미인인데), 특별히 잘하는 건 하나도 없어요.

expert 전문가

💬 I know lots of stuff but I am not an expert in anything.

전 많은 것을 알지만 어떤 것에 대해서도 전문가는 아니에요.

turn A into B A를 B로 바꾸다

💬 I want to know how to turn my weaknesses into strengths.

제 약점을 장점으로 어떻게 하면 바꿀 수 있을지 알고 싶어요.

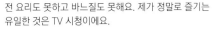

respond to ~에 응답하다

💬 I am bad at responding to texts, but I am good at having conversations in person.
문자 응답은 잘 못하지만 직접 만나 대화하는 건 아주 잘해요.

have conversations
대화하다

in person
직접

(태도와 본모습)

a silver lining in every cloud 힘든 상황 속의 한 줄기 희망

💬 I always think there's a silver lining in every cloud, even in the worst circumstances.
전 최악의 상황이라도 희망은 있다고 늘 생각해요.

positive attitude 긍정적인 태도

💬 I have a positive attitude in life and I see every day as a challenge to achieve something.
전 삶에 긍정적인 태도를 지니고 있고 매일을 뭔가를 성취하는 도전으로 여겨요.

attitude problem 태도의 문제

💬 Everyone says I have an attitude problem and I speak in a rude manner.
모두들 제가 태도에 문제가 있고 건방지게 말한다고 해요.

full of oneself 자만심이 가득 찬

💬 People assume that I am full of myself but I am not.
사람들은 제가 자만심이 가득 찬 사람이라고 생각하는데 아니에요.

think on one's feet 결정이나 행동이 빠르다

💬 I really want to get better at thinking on my feet.
전 결정을 신속하게 더 잘 내리게 되면 좋겠어요.

keep a low profile
세간의 이목을 피하다, 저자세를 유지하다, 꼬리를 내리다

💬 I always keep a low profile because I don't want people to know much about my life.
전 사람들이 제 삶에 대해 많이 아는 걸 원치 않아서 언제나 세간의 이목을 피해요.

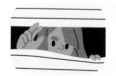

make personal attacks 인신공격을 하다
💬 I hate those who make personal attacks in a friendly way.
전 친한 척하면서 인신공격하는 사람들을 극혐해요.

point out 지적하다
💬 I hate people who point out other people's smallest flaws to feel superior.
전 우월감을 느끼려고 다른 사람들의 사소한 약점을 지적하는 사람들이 아주 싫어요.

flaw
약점

feel superior
우월감을 느끼다

talk behind one's back ~의 뒤에서 험담하다
💬 I hate those who act like my friend but soon talk behind my back.
전 친구인 것처럼 행동하다가 곧 뒤에서 험담하는 사람들을 싫어해요.

interfere 참견하다
💬 What on earth makes people think they are entitled to interfere in my life?
도대체 왜 사람들은 자기들이 내 인생에 참견할 자격이 있다고 생각하는 거죠?

be entitled to
~할 자격이 있다

boss around 쥐고 흔들다
💬 I don't like people who like to boss around and tell me what to do.
전 저를 쥐고 흔들면서 뭘 할지 명령하는 걸 좋아하는 사람들이 싫어요.

좋은 성격

amiable 쾌활한 agreeable in manner 태도가 기분 좋은

good-natured 온화한 helpful 잘 도와주는

give someone a hand ~를 도와주다 cool 호탕한

broad-minded 마음이 넓은 attentive 배려하는 gregarious 사교적인

tenacious 집요한 cool as a cucumber 곤란한 상황에서도 매우 침착한

benevolent 어진 reasonable 합리적인 well-conducted 품행이 방정한

fault-free 약점이 없는 flexible 융통성 있는 cooperative 협조적인

faithful 신뢰할 수 있는 sincere 진실된 solution-oriented 문제를 해결하려 드는

down-to-earth 현실적인 happy camper 항상 기분이 좋은 사람

golden boy 인기 있는 사람 smart cookie 영리한 사람

안 좋은 성격

stubborn 고집 센 aloof 냉담한 big-headed 자만심이 강한

boastful 뽐내는, 허풍 떠는 callous 몰인정한 confrontational 대립을 일삼는

cunning 교활한 bitchy about ~에 대해 씹어대는 nasty 고약한

mean 심술궂은 grumpy 성격이 나쁜 sneaky 엉큼한 deceitful 기만적인

fussy 안달복달하는 pig-headed 황소 고집인 intolerable 참을성이 없는

unpredictable 예측 불가능한 gullible 잘 속는 foolish 어리석은

sullen by nature 천성이 무뚝뚝한, 뚱한 quick-tempered 걸핏하면 화를 내는

pain in the neck 골칫거리 cynical 냉소적인 fastidious 깔끔을 떠는, 까다로운

apathetic 심드렁한 trigger-happy 공격적인 risk-averse 위험을 회피하려 하는

prone to procrastination 미루고 지연하는 경향이 있는 emotional 감정적인

critical 비판적인 negative 부정적인

wet blanket 즐거운 분위기에 찬물을 끼얹는 사람

busybody 남의 일에 참견하기 좋아하는 사람, 오지랖 넓은 사람(= backseat driver)

big mouth 입이 싼 사람 cold fish 냉정한 사람

control freak 만사를 자기 마음대로 조정하려 드는 사람

긍정적인 태도

merit 장점 worth 가치 excellence 뛰어남 endurance 인내심

have a great attitude 태도가 매우 좋다 stay positive 긍정적인 태도를 유지하다

know the ins and outs of ~ very well ~을 속속들이 아주 잘 알다

care a lot about ~에 신경을 많이 쓰다

view a situation from multiple perspectives 여러 가지 관점에서 상황을 관찰하다

empathize with ~와 공감하다 tackle hard tasks 어려운 과제들을 다루다

feel accomplished 성취감을 느끼다

bounce back from a mistake 실수를 만회하다

부정적인 태도	demerit 단점 misconduct 품행이 나쁨 fault 과오, 단점 laptop addict 노트북 중독자 heavy drinker 술고래 have a screw loose 나사가 풀리다 have a bad attitude 태도가 불량하다 prey on the weak 약자들을 먹이로 삼다 find fault with ~에게 트집을 잡다 be hard on oneself 자신에게 심하게 대하다 be a bit of perfectionist 좀 완벽주의자이다 picky 까다로운 a little cranky 좀 짜증을 내는 apathetic 심드렁한(= blase)

CHAPTER 3

나의 일상
My routine

ENGLISH

화장/ 머리 손질

013

화장 013-1

wear makeup 화장을 하다

💬 I always wear makeup when I go out.
전 외출할 때는 언제나 화장을 해요.

heavy makeup 짙은 화장

💬 I sometimes wear heavy makeup for a change.
가끔은 기분 전환으로 짙은 화장을 하죠.

put on too much[heavy] makeup 너무 진한 화장을 하다

💬 I'm not fond of women who put on too much makeup. It reminds me of 'The Phantom of the Opera,' who wears a mask to hide his deformed face.
전 화장을 너무 진하게 한 여자들을 좋아하지 않아요. 보면 "오페라의 유령"이 떠올라요. 몰골 사나운 얼굴을 가리려고 마스크를 쓰잖아요.

with no makeup 생얼로

💬 I usually go around with no makeup.
보통은 생얼로 다녀요.

alluring 고혹적인 **attractive** 매력적인

💬 I put on an eyeliner to make my eyes alluring and attractive.
눈이 고혹적이고 매력적으로 보이게 아이라이너를 칠해요.

define one's facial features 이목구비를 뚜렷하게 하다

💬 As I have a chubby face, when I do makeup, I use a powder contour to define my facial features.
전 통통한 얼굴이라서, 화장할 때 이목구비를 또렷하게 하려고 파우더 컨투어를 사용해요.

wear 칠하다 fill in ~의 빈 부분을 채워 넣다

💬 I just wear mascara and fill in eyebrows every morning before leaving home.

매일 아침 집을 나서기 전에 마스카라를 칠하고 눈썹을 그려 채워 넣기만 해요.

tacky 끈적거리는

💬 To make my makeup less tacky, I apply a finishing powder after my whole makeup is done.

전 화장이 덜 끈적이게 모든 화장을 끝낸 후에 마무리 파우더를 바릅니다.

wear sunscreen 자외선 차단제를 바르다

💬 I only wear sunscreen when I go out.

전 외출할 때 자외선 차단제 정도만 바릅니다.

recognize 알아보다

💬 If I go to work without any makeup, some don't recognize me and some ask me if something is wrong.

화장을 안 하고 직장에 가면, 어떤 사람들은 절 못 알아보고 어떤 사람들은 뭔가 문제가 있냐고 물어봐요.

in terms of ~라는 견지에서

💬 I admire my sister for being bold in terms of dressing and makeup.

언니가 옷 입는 법과 화장법에 있어서는 과감해서 언니한테 감탄하죠.

dependent on ~에 의존하는

💬 I find myself more and more dependent on makeup as I grow older.

나이 먹어 가면서 점점 화장에 의존하고 있어요.

spend money on ~에 돈을 쓰다

💬 I have spent a lot of money on beauty products. Sometimes I buy a product, use it only once and never touch it again.

화장품에 돈을 많이 써 왔죠. 때론 물건을 사서, 딱 한 번 쓰고 다신 사용하지 않기도 해요.

smudge-proof 번지지 않는

💬 I bought a frosted lipstick which is also smudge-proof. I like it because it gives my lips a shiny and subtle look.

frosted
펄 느낌의

번지지 않는 펄 느낌이 드는 립스틱을 샀는데, 입술이 반짝이면서도 묘하게 멋지게 표현해 줘서 맘에 들어요.

be blown away by ~에 빠지다, 뿅 가다

💬 I am blown away by the ABC cosmetic brand which specializes in lipsticks and eye shadows. Their eye shadows are the bomb.

the bomb
최고, 짱

전 립스틱과 아이섀도우를 전문으로 취급하는 ABC 화장품 브랜드에 빠졌어요. 아이섀도우들이 정말 짱이에요.

aesthetically pleasing 심미적으로 아름다운

💬 I tend to buy not only aesthetically pleasing but functional make-up bags.

전 심미적으로도 아름다울 뿐 아니라 기능도 좋은 화장품 가방을 사는 편이에요.

complexion 안색

💬 For me, the most flattering lipstick color is peach because my complexion is yellow.

전 얼굴빛이 노란색이라 저를 가장 돋보이게 하는 립스틱 색조는 복숭아색이에요.

oily skin 지성 피부

💬 I have oily skin and acne.

전 지성 피부이고 여드름이 났어요.

106

dry skin 건성 피부

💬 I have dry skin around my nose.

전 코 주위 피부가 건성이에요.

combination skin 복합성 피부

💬 I have combination skin and I have an oily T-zone.

전 복합성 피부이고 T존(이마와 코 부위)은 지성이에요.

reduce the production of sebum on one's face
얼굴의 피지 분비를 줄이다

💬 I really want to know what I should do to reduce the production of sebum on my face.

얼굴의 피지 분비를 줄이려면 어떻게 해야 하는지 정말 알고 싶어요.

deep crease
깊은 주름

lose elasticity 탄력이 떨어지다

💬 My skin is losing elasticity and I start to notice deep creases around my mouth.

피부가 탄력이 떨어지고 있어서 입 주변에 깊은 주름이 보이기 시작해요.

dermatologist
피부과 의사

rejuvenate 젊어지게 하다

💬 I regularly go to a dermatologist and get a laser treatment to rejuvenate my appearance.

외모를 더 젊어지게 하려고 정기적으로 피부과에 가서 레이저 치료를 받아요.

crow's feet 눈가 잔주름

💬 I ended up trying a temple lift to raise the eyebrow line and soften crow's feet.

전 눈썹 부분을 당기고 눈가 잔주름을 완화하기 위해 결국 관자놀이 부위 피부 절개 올림술을 받고 말았어요.

drooping and sagging 늘어지고 처진

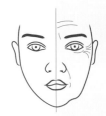

💬 Nowadays I have been stressed a lot about my drooping and sagging skin.

전 요즘 늘어지고 처지는 피부로 스트레스를 받고 있어요.

Cf. 얼굴의 문제점: fine lines[wrinkles] 잔주름, deep lines 깊은 주름, sagging skin 처진 피부

---

break out (피부 등이) 뒤집어지다

💬 My face breaks out all of sudden and acne is all over my face.

갑자기 얼굴이 뒤집어져서 여드름이 얼굴 전체에 생겼어요.

all over
~ 전체에

---

squeeze the blackheads out 블랙헤드를 짜다

💬 Every night I squeeze the blackheads out with my fingers.

매일 밤마다 손가락으로 블랙헤드를 짜내요.

---

flaky 각질이 일어나는

💬 My face tends to get flaky during the winter months.

제 얼굴은 겨울에 각질이 일어나요.

---

get swollen 붓다

💬 My fingers get swollen in the morning. They are so puffy that they look like sausages.

아침이면 손가락들이 부어 올라요. 너무 부어서 소시지 같아요.

puffy
부은

(두발 문제)

have greasy hair 머리가 기름지다

💬 Sometimes I have greasy hair even after shampooing.

때론 머리를 감았는데도 머리가 기름져요.

---

itchy 가려운

💬 My hair gets very oily and itchy after 2 days of not having a shampoo.

머리를 안 감은 지 이틀이 되면 머리가 매우 기름 끼고 가려워져요.

get tangled 엉키다

💬 My hair gets tangled when I towel-dry it.
제 머리카락은 수건으로 말리면 엉켜요.

dandruff 비듬

💬 My scalp is very dry so I have a lot of dandruff.
두피가 매우 건조해서 비듬이 많아요.

lose hair 머리카락이 빠지다

💬 I am losing a lot of hair and I am freaking out. In one stroke of a comb, at least 30 hairs get stuck in the comb.
머리카락이 많이 빠지고 있어서 맛이 갈 지경이에요. 빗질 한 번에 적어도 머리카락 30개가 빗에 끼어요.

wash one's hair, shampoo, have a shampoo 머리를 감다

💬 Nowadays I wash my hair with soap instead of using shampoo.
요즘에 전 샴푸 대신 비누로 머리를 감아요.

💬 I have oily hair so I shampoo every day.
전 머리에 기름이 끼어서 매일 머리를 감아요.

stink like hell 역겨운 냄새가 나다

💬 When I don't wash my hair every day, it stinks like hell.
전 머리를 매일 안 감으면 머리에서 지독한 냄새가 나요.

rinse off 깨끗이 헹구다

💬 My hair gets greasy if I don't rinse off all the shampoo in my hair.
머리의 샴푸를 모두 깨끗이 헹구지 않으면 머리에 기름기가 끼어요.

frizz 곱슬머리 flyaway 정전기로 흐트러지는 머리카락

💬 I'm jealous of those who have silky, flowing hair free of frizz or flyaways.
곱슬머리나 정전기로 흐트러지는 머리카락이 아닌 매끄럽고 늘어뜨려진 머리카락을 가진 사람들이 부러워요.

thick 두꺼운 **messy** 흐트러진

💬 My hair is very thick so it gets messy very easily.
제 머리카락은 매우 두꺼워서 너무 쉽게 헝클어져요.

머리 손질

blow-dry one's hair 머리를 드라이하다

💬 I blow-dry my hair with cool air.
전 찬 바람으로 머리를 드라이해요.

brush[comb] one's hair 머리를 빗다

💬 I brush my hair every morning.
매일 아침마다 머리를 빗어요

braid one's hair 머리를 땋다

💬 I can't even braid my own hair.
전 제 머리도 못 땋아요.

in a chignon 머리를 올린

💬 I had my hair pulled back in a chignon.
전 머리를 당겨서 올렸어요.

run a brush through 빗질하다

💬 Whenever I run a brush through my hair, a lot of it falls out.
머리카락을 빗질할 때마다 머리카락이 많이 빠져요.

dye 염색하다

💬 I want to have my hair dyed light brown.
머리를 밝은 갈색으로 염색하고 싶어요.

wear a wig 가발을 쓰다

💬 If I go bald, I will definitely wear a wig to conceal my baldness.
대머리가 되면 대머리인 걸 감추게 반드시 가발을 쓸 거예요.

tousle, rough up 헝클어뜨리다

💬 I just run my fingers through my hair and tousle it before going out.

전 외출하기 전에 머리카락을 손가락으로 쓸어내리고 약간 헝클어뜨려요.

straighten
펴다

semi-curly 반곱슬인

💬 I straighten my semi-curly hair before going to work.

회사 가기 전에 반곱슬 머리를 펴요.

tie up 묶다

💬 Whenever I tie my hair up in a ponytail or bun, I get headaches.

머리를 위로 바짝 묶거나 쪽 져서 틀어 올릴 때마다 두통이 생겨요.

ponytail
바짝 묶은 머리

bun
쪽진 머리

trim 머리를 다듬다

💬 I have split ends so I need to get my hair trimmed.

머리카락 끝이 갈라져서 머리카락을 다듬어야 해요.

get a perm, have one's hair permed
(미용실에서) 파마를 하다

💬 Even though I have straight hair, I'm considering getting a perm.

생머리이긴 한데 파마를 할까 생각 중이에요.

look good on ~에게 잘 어울리다

💬 I am trying to figure out what hairstyle would look good on me.

어떤 머리 스타일이 내게 어울릴지 알아내려 하고 있어요.

bangs 앞머리를 이마 부분까지 짧게 자른 머리

💬 I want a subtle change in my look; maybe long hair with bangs.

외모에 살짝 변화를 주고 싶어요. 앞머리를 짧게 자른 긴 머리를 할까 봐요.

shave off 수염 등을 면도하다

💬 I have a scrappy, long beard so I need to go to the barbershop to have it shaved off.

턱수염이 너저분하고 길어서 이발소에 가서 깎아야 해요.

scrappy
허접스러운

화장

lash-defining 속눈썹을 선명하게 해 주는 volumizing 풍성하게 보이게 하는

flesh-toned 피부색의 a variety of shades 여러 가지 색조

eye-brow pencil 눈썹 그리는 연필

bronzer 피부를 햇볕에 그을린 것처럼 보이게 하는 화장품

lip liner 입술 윤곽을 그리는 데 사용하는 연필이나 붓 skin tint 옅은 파운데이션

even skin tone 고른 피부톤 blusher 핑크빛 볼터치

facial blemishes 얼굴 잡티들 concealer 컨실러(피부 흠을 가리는 화장품)

remove makeup 화장을 지우다 apply ~ seamlessly ~을 고르게 바르다

all over the face 얼굴 전체에

dull 피부색이 칙칙한 radiant 윤기가 나는

acne-prone skin 여드름이 나는 피부 acne scar 여드름 흉터

delicate[sensitive] skin 예민한 피부

dead skin (cell) 각질 flushing 홍조 sebum 피지

머리 스타일

mullet 앞은 짧고 옆과 뒤는 긴 남자 헤어스타일

dreadlocks 두피에서부터 여러 가닥으로 꼰 머리, 레게머리

choppy bob 고르지 않은 단발머리 shag haircut 길이가 다르고 층진 짧은 머리

pixie cut 귀가 시원하게 보일 정도로 옆머리와 뒷머리를 짧게 자른 여성 헤어 스타일

buzz cut 아주 짧게 자른 머리 chignon 시뇽(뒤로 모아 틀어 올린 머리 모양)

wear one's hair curly 곱슬머리를 하다

wear one's hair straight 생머리를 하다

thin-haired 숱이 적은 layered 층진 sleek 윤이 나는 fluffy 복슬복슬한

get unruly 다루기 힘들어지다 part one's hair 머리 가르마를 타다

tuck behind one's ear 머리를 귀 뒤로 넘기다

have a clockwise cowlick (정수리 부분의) 머리카락이 시계 방향으로 뻗치다

014

**세수/
목욕 습관**

(**세안**) 014-1

scrub one's face 얼굴을 문지르다, 얼굴 각질을 제거하다
💬 I scrub my face hard with a sponge.
　전 스폰지로 얼굴을 빡빡 문질러요.

wash one's face with a cleanser 클렌저로 세수하다
💬 I wash my face with a cleanser after applying a face mask.
　마스크 팩을 한 후에는 클렌저로 얼굴을 씻어내요.

exfoliator, exfoliant 각질 제거제
💬 Once every week, I use an exfoliator to remove the
　dead skin and to purify the pores.
　매주 한 번씩 각질을 제거하고 모공을 깨끗하게 하려고 각질 제거제를
　사용해요.

splash one's face with cold water 얼굴에 찬물을 끼얹다
💬 I splash my face with cold water after rinsing off soap to
　tighten pores.
　모공을 조여 주려고 비누를 헹군 후 얼굴에 찬물을 끼얹어요.

get face wash in one's eye 눈에 세안제가 들어가다
💬 I got face wash in my eye and it still burns.
　눈에 세안제가 들어갔는데 아직도 따끔거려요.

lukewarm water 미지근한 물
💬 I wash my face with lukewarm water.
　얼굴을 미지근한 물로 씻어요.

wipe away the water 물기를 닦아내다

💬 I grab a towel and wipe away the water after a shower.

샤워 후에 타월을 쥐고 물기를 닦아내요.

pat one's face 얼굴을 토닥거리다

💬 I pat my face with a clean towel after washing.

세수한 다음에 깨끗한 타월로 얼굴을 토닥거려요.

feel tight 당기는 느낌이다

💬 My face feels tight after washing.

세수를 하고 나면 얼굴이 당겨요.

leave one's makeup on 화장을 지우지 않고 놔두다

💬 I often regret it when I leave my makeup on overnight because it can clog my pores and cause skin issues.

밤새 화장을 지우지 않고 놔두면 모공이 막히고 피부 트러블이 생겨서 자주 후회하죠.

apply ~ on one's face 얼굴에 ~을 바르다

💬 I apply a toner on my face using a cotton pad.

전 화장솜을 이용해서 얼굴에 토너를 발라요.

astringent 수렴제 toner 토너

💬 I apply an astringent or toner after cleansing my skin and then I apply a serum.

세안을 한 후에 수렴제나 토너를 바르고 그 다음에 세럼을 발라요.

emollient 화장수, 피부 연화제

💬 I use an emollient instead of soap following the advice of my dermatologist.

전 피부과 의사의 충고대로 비누 대신에 화장수를 사용해요.

slather a moisturizer 보습제를 듬뿍 바르다

💬 I slather a moisturizer on a wet face.
물기가 남은 얼굴에 보습제를 듬뿍 발라요.

> **absorb** 흡수하다, 흡수되다
>
> 💬 My moisturizer doesn't absorb quickly and leaves a greasy feeling on my face.
> 제가 쓰는 보습제는 빨리 흡수되지 않고 얼굴에 기름진 느낌이 들게 해요.

(샤워)

take a shower 샤워하다

💬 I take a shower right after getting up.
전 잠자리에서 일어나자마자 샤워를 해요.

> **take a bath** 목욕하다
>
> 💬 I sleep well after taking a hot bath.
> 뜨거운 물로 목욕한 후에는 잠을 잘 자요.

heavy sweater 땀을 많이 흘리는 사람

💬 I am a heavy sweater, so I use deodorant after taking a shower but it doesn't work and I end up smelling worse.
땀을 많이 흘려서 샤워 후 냄새 제거제를 사용하는데 효과가 없고 냄새가 더 심하게 나요.

deodorant
냄새 제거제

sweltering 숨 막히는

💬 I cannot stand the sweltering heat in the sauna.
전 사우나의 그 숨 막히는 뜨거운 열기를 못 참겠어요.

116

refreshed
상쾌한

get a scrub 세신을 받다

💬 I feel refreshed when I get a full body scrub.
전신 세신을 받으면 기분이 상쾌해져요.

scrub away one's dead skin 때를 벗겨내다

💬 I like it when a professional scrubber scrubs away my dead skin. I feel like a new person.
전문 세신사가 때를 벗겨내는 게 좋아요. 꼭 새 사람이 된 기분이에요.

목욕 습관 관련 기타 표현 014-2

thermae 온천(= hot spring), 공중 목욕탕

sponge bath 스폰지 목욕(몸을 젖은 스폰지로 닦아 주는 것)

Jacuzzi 자쿠지(물에서 기포가 나게 만든 욕조) **public bathing** 공중 목욕탕

built-up dirt 쌓인 때 **dead skin flakes** 때를 밀 때 나오는 때 조각들

soak 액체 속에 푹 담그다 **sweat** 땀이 나다(= perspire) **absorb** 빨아들이다

wash away 씻어내다 **wipe off** 닦아내다

rub a towel against one's body 몸을 타월로 문지르다

open up one's pores 땀구멍들을 열다 **pat dry** 가볍게 두드려가며 말리다

retain moisture 수분기를 유지하다 **tighten the skin** 피부를 조여 주다

pat the eye area vertically 눈 주변을 수직으로 두드리다

strip the skin of 피부에서 ~을 빼앗다 **foment** 찜질하다(= apply a hot pack to)

remove excess oil 여분의 오일을 제거하다 **relaxing** 마음을 느긋하게 해 주는

수면 습관

015-1

go to sleep 자다

💬 I usually go to sleep at midnight and wake up at 6.
보통 자정에 자서 6시에 일어나요.

Cf. fall asleep 잠이 들다

go to bed late 늦게 자다

💬 I go to bed late and wake up early.
늦게 자고 일찍 일어나요.

use one's smartphone before bed
자기 전에 스마트폰을 하다

💬 I use my smartphone in the dark before bed.
자기 전에 어둠 속에서 스마트폰을 하지요.

not get enough sleep 잠이 부족하다

💬 My eyes burn when I don't get enough sleep.
잠을 충분히 못 자면 전 눈이 따가워요.

sleep for about + 시간 ~ 시간 정도 자다

💬 I sleep for about 7 hours a day.
전 하루에 7시간 정도 지요.

fall asleep as soon as one's head hits the pillow
머리가 베개에 닿자마자(눕자마자) 잠이 들다

💬 I fall asleep so fast as soon as my head hits the pillow.
전 머리가 베개에 닿자마자 아주 빨리 잠들어요.

be a light sleeper 자주 깨다, 잠귀가 밝다

💬 My husband is a heavy sleeper but I am a light sleeper.
남편은 잠들면 남이 업어가도 모르는 사람이지만 전 잠귀가 밝아요.

sleep like a log[dog] 꿀잠 자다

💬 I used to have insomnia but now I sleep like a log.
예전엔 불면증이 있었는데 지금은 꿀잠을 자요.

have a horrible dream 악몽을 꾸다

💬 When I have a horrible dream,
I wake up out of breath.
악몽을 꾸면 전 숨이 차서 일어나요.

sleep with one's mouth open 입을 벌리고 자다

💬 After drinking, I sleep with my mouth open and snore louder.
술 마신 후에는 입을 벌리고 자고 코를 더 심하게 골아요.

sleep with eyes open 눈을 뜨고 자다

💬 Sometimes I sleep with eyes wide open.
때로 전 눈을 크게 뜨고 자기도 해요.

sleep on one's stomach 엎드려 자다

strain
혹사하다

💬 I sleep on my stomach, which strains my neck
because I have to twist it to the side.
전 엎드려서 자는데 목을 옆으로 비틀어야 하니까 목이 아파요.

toss and turn 뒤척거리다

💬 I keep worrying about everything in bed
so I end up tossing and turning.
침대에서 만사를 계속 걱정하다 보니 결국엔
뒤척거리고 말아요.

sleep on one's side 옆으로 자다

💬 I sleep on my side and my shoulder hurts.
옆으로 자서 어깨가 아파요.

sleep on one's back 똑바로 누워 자다

💬 I get nightmares when I sleep on my back.
전 똑바로 누워 자면 악몽을 꿔요.

talk in one's sleep 잠꼬대하다

💬 Almost every night I talk in my sleep and laugh loud.
거의 매일 밤마다 전 잠꼬대를 하고 큰 소리로 웃어요.

morning person 아침형 인간

💬 I am a morning person. I am more productive and active in the morning so most of my work is done in the morning.
전 아침형 인간이에요. 아침에 더 생산적이고 활동적이라서 아침에 대부분의 일을 처리해요.

productive
생산적인

night owl 저녁형 인간

💬 I am a night owl. I am full of energy and alert at night so I usually stay up at night.
전 저녁형 인간이에요. 밤에 에너지가 충만하고 기민해서 대개 밤 늦게까지 깨어 있어요.

alert
기민한

sleep in 늦잠을 자다

💬 I sleep in until the last possible moment.
전 가능한 한 마지막 순간까지 늦잠을 자요.

have insomnia 불면증이 있다

💬 I have insomnia so I surf a lot at night.
불면증이 있어서 밤에 인터넷 검색을 많이 해요.

doze off 꾸벅꾸벅 졸다

💬 I feel exhausted and doze off for hours during the day.
너무 피곤해서 낮 동안 몇 시간씩 꾸벅꾸벅 졸아요.

take a nap 낮잠을 자다

💬 Every day I take a 30 minute nap and I feel refreshed.
매일 30분 낮잠을 자면 전 기분이 상쾌해져요.

drool 침을 흘리다

💬 I tend to start dreaming and drooling as soon as I doze off.
전 졸자마자 꿈을 꾸며 침을 흘리기 시작하는 경향이 있어요.

snore 코를 골다

💬 I snore a lot so every night my wife digs my ribs and asks me to roll over.
전 코를 많이 골아서 아내가 매일 밤 옆구리를 찌르며 돌아누우라고 해요.

have[take] forty winks 잠시 눈을 붙이다

💬 I usually have forty winks just after lunch and I feel much better.
보통 점심 식사 후에 잠시 눈을 붙이는데, 기분이 훨씬 더 나아져요.

수면 습관 관련 기타 표현 015-2

go to bed at the same time every night 매일 밤 같은 시간에 잠자리에 들다

stay asleep 잠든 상태를 유지하다 interfere with sleep 잠을 방해하다

wake up frequently 잠에서 자주 깨다 have nightmares 악몽을 꾸다

keep naps short 낮잠을 짧게 자다 get off to sleep 잠들다, 잠들게 하다

grind one's teeth in sleep 자면서 이를 갈다 Sleep tight! 잘 자!

sleep like a baby 푹 자다 not sleep a wink 한숨도 못 자다

have a lie-in 평소보다 오래 자다 snooze 잠시 눈을 붙이다

at a comfortable temperature 편안한 느낌을 주는 온도로

poor sleeper 수면이 부족한 사람 slumbering 수면 catnap 토막잠

beauty sleep (건강과 아름다움을 지켜 주는) 충분한 수면

plagued by restless nights 잠 못 이루는 밤들로 인해 고통받는

puff-eyed from poor sleep 수면 부족으로 인해 눈이 부은 out like a light 금세 곯아 떨어진

016

패션

패션 감각 016-1

have interest in fashion 패션에 관심이 있다
💬 I have a lot of interest in fashion.
전 패션에 관심이 많아요.

dress well, be well dressed 옷을 잘 입다
💬 I dress well without any effort.
전 아무 노력을 하지 않아도 옷을 잘 입어요.

look good in any clothes 아무거나 입어도 잘 어울리다
💬 As I have a defined waist, I look good in any clothes.
전 허리가 잘록해서, 아무 옷이나 입어도 잘 어울려요.

have a nice fashion sense 패션 감각이 좋다
↔ **have a terrible fashion sense** 패션 감각이 형편없다
💬 I have a nice fashion sense so I know how to dress well on a budget.
전 패션 감각이 좋아서 예산 내에서 옷 잘 입는 법을 알아요.
💬 I have a terrible fashion sense; whenever I try to mix and match different pieces of clothing, I fail.
전 패션 감각이 형편없어요. 다른 종류의 옷들을 골라서 매치해 입으려 할 때마다 실패해요.

have a nice figure 옷걸이가 좋다
💬 I have a nice figure and I dress well.
전 옷걸이가 좋고 옷도 잘 입어요.

fit like a glove 맞춘 듯이 딱 맞다

💬 The shoes I just bought really fit like a glove and feel comfortable.
제가 막 산 신발이 정말 맞춘 듯이 딱 맞고 편해요.

dress up 잘 차려입다

💬 I dress up for funerals, not wearing flashy clothes.
장례식에 갈 때는 요란한 옷은 입지 않고 정장을 차려입어요.

look good on ~에게 잘 어울리다

💬 The black crop top I tried on looked good on me.
입어 본 검정 크롭탑이 제게 잘 어울렸어요.

stylish and sophisticated 유행을 따르며 세련된

💬 I am often told I am stylish and sophisticated and I know it.
전 유행을 따르고 세련되었다는 얘기를 종종 듣는데 저도 제가 그런 거 알아요.

keep up with ~에 뒤지지 않다

💬 I subscribe to a fashion magazine to keep up with the latest trends.
최신 유행에 뒤지지 않으려고 패션 잡지를 구독해요.

frumpy 유행에 안 맞는 옷을 입은

💬 I feel frumpy, unattractive and old no matter what clothes I wear.
무슨 옷을 입어도 유행에 안 맞고, 매력이 없고, 나이 든 느낌이에요.

(입는 옷들)

wear formal clothes 정장을 입다

💬 My parents force me to wear formal clothes all the time.
부모님은 언제나 저한테 정장을 입으라고 막 강요하세요.

dress casually 캐주얼하게 입다

💬 I used to dress up in a suit and tie for work but now I dress casually.

예전에는 양복에 넥타이를 매고 쫙 차려입고 직장에 갔지만 지금은 캐주얼하게 입어요.

wear a school uniform 교복을 입다

💬 Once I got detention for not wearing a school uniform.

한번은 교복을 안 입었다는 이유로 방과 후에 학교에 남은 적도 있어요.

in a sweat suit 트레이닝복 차림으로

💬 I enjoy strolling in a sweat suit.

전 트레이닝복 차림으로 돌아다니는 걸 좋아해요.

outfit (한 벌의) 복장, 옷

💬 Most of my outfits are pretty simple and centered around black and white.

제 옷들은 대부분 상당히 심플하고 주로 검정색과 흰색 위주예요.

add a flair 맵시를 더하다

💬 To add an extra flair to my dress, I usually have a simple, classy necklace on.

드레스에 맵시를 약간 더하려고, 전 보통 심플하고 고급스러운 목걸이를 착용해요.

carelessly throw on 아무거나 잡히는 대로 걸치다

💬 I just carelessly threw on a T-shirt and jeans even when I went out for a date.

데이트하러 나갈 때조차도 전 그냥 잡히는 대로 티셔츠와 청바지를 걸쳤어요.

over the top 과도한

💬 The clothes in the magazines are a bit over the top for me. I like simple, unique clothes.

잡지에 나오는 옷들은 제겐 좀 지나쳐요. 전 단순하지만 독특한 옷이 좋아요.

eye-catching details 이목을 끄는 세세한 부분들

💬 I try to put on clothes with eye-catching details such as pockets, buttons, and seam lines.

전 주머니, 단추, 솔기 라인 같은 이목을 끄는 세세한 부분들이 있는 옷을 입으려고 해요.

let the hem down 단을 내려서 길이를 늘리다
↔ take up the hem 단을 올려서 길이를 줄이다

💬 One of my jeans got too short so I let the hem down but one of my skirts was too long so I took up the hem.

청바지 하나가 너무 짧아져서 단을 내렸는데, 치마 하나는 너무 길어서 단을 줄였어요.

statement earrings 돋보이기 위한 크고 야한 귀걸이들

💬 I usually throw on a pair of statement earrings.

저는 보통 과감하고 야한 귀걸이를 걸치는 편이에요.

> 의류 쇼핑

enjoy shopping 쇼핑을 좋아하다

💬 I enjoy shopping for new clothes in stores and online.

옷 가게에서랑 온라인으로 새 옷 사는 걸 좋아해요.

get the best deal on ~을 가장 좋은 가격에 사다

💬 I got the best deal on a dress at Walmart and saved up to 80 percent.

월마트에서 드레스 한 벌을 가장 싼 가격에 사서 (돈을) 80퍼센트까지 아꼈어요.

on a budget 예산 안에서

💬 I am good at finding quality clothes on a budget.

전 한정된 예산 안에서 질 좋은 옷을 잘 찾아내요.

without compromising on quality 품질이 괜찮으면서

💬 I know a few places to buy cheap clothes without compromising on quality.

전 품질도 괜찮으면서 저렴한 옷을 구입할 수 있는 곳을 몇 군데 알아요.

splurge money on ~에 돈을 물 쓰듯이 쓰다

💬 I love shopping and splurge a lot of money on buying clothes.

전 쇼핑을 좋아해서 옷 사는 데 돈을 물 쓰듯이 많이 써요.

label-driven 라벨을 따지는

💬 I'm not label-driven but I own a couple of luxury items myself.

전 라벨을 따지는 사람은 아니지만 명품을 몇 개 가지고 있기는 해요.

옷의 특징	
	wash-and-wear 다림질이 필요 없는 tailor-made 맞춘
	loose-fitting (옷 크기가) 넉넉한 close-fitting 몸에 꼭 맞는
	easy-to-maintain 관리하기 쉬운 eco-friendly 친환경적인
	oversized 특대의 patterned 패턴이 있는 beaded 구슬로 장식한
	buttoned 단추가 달린 durable 내구성이 있는 elegant 우아한
	plunging 앞이 V자로 깊이 패인 showing cleavage 가슴골이 보이는
	sheer 속이 다 비칠 정도로 얇은 see-through 속이 다 비치는

옷	
	frippery (영) 사치품, 장신구 snappy outfit 멋진 복장(한 벌)
	couture 유명 디자이너 제품 skimpy clothes 몸을 많이 드러내는 옷
	garb 관복(= official uniform) cf. prisoner garb 죄수복 attire 복장, 차림새(격식체 표현)
	ready-to-wear clothing 기성복 a suit and tie 정장 한 벌
	crop top 크롭탑(배가 드러나는 짧은 셔츠) tank top 민소매 셔츠
	low-cut tank top 목이 깊이 파인 짧은 셔츠 jumper (모직·면으로 된) 스웨터
	blazer 단체복의 콤비 상의 shirt jacket 셔츠 모양의 재킷
	anorak 아노락(방수, 방한용) 파카 cape 망토 bolero 볼레로(앞이 트인 짧은 여성용 상의)
	duffel coat 더플코트(보통 모자가 달리고 막대 모양의 단추가 달린 두꺼운 모직 외투)
	hoody 모자 달린 옷 field jacket 야전용 자켓
	slicker 길고 폭이 넓은 비옷(= raincoat) tailcoat 연미복
	trench coat 트렌치코트(특히 비 올 때 입는 군복 스타일의 코트)
	windbreaker 방풍 재킷 pencil skirt 길고 폭이 좁은 치마(일명 테니스 스커트)
	skinny pants 딱 붙는 바지 saggy[baggy] pants 축 처진 스타일의 바지
	elastic waistband 신축성 있는 허리끈(일명 고무줄)
	string pants 앞을 끈으로 묶는 바지 jogger pants 운동복 바지
	sweatpants 트레이닝 바지 chino pants 가벼운 면(혼합) 바지
	cargo pants 주머니가 여러 개 달린 헐렁한 바지 pleated pants 주름 있는 바지
	a pair of overalls 멜빵바지

차림새	
	overdressed 옷을 지나치게 차려입은 dressed to kill 쫙 빼 입은
	untidy 단정치 못한 slovenly 옷차림이 지저분한
	gussy up 모양내다, (옷을 멋지게) 차려입다 deck out in 치장하다

017

사진 찍기 017-1

be good/terrible at taking photos[pictures]
사진을 잘 찍다/못 찍다

💬 I want to be better at taking photos.
사진을 좀 더 잘 찍고 싶어요.

💬 I am terrible at taking pictures, especially with a smartphone.
전 특히 스마트폰으로는 사진을 못 찍어요.

like taking photos of ~의 사진 찍는 것을 좋아하다

💬 I like taking photos of myself.
전 제 사진 찍는 게 좋아요.

rarely take photos 사진을 거의 안 찍다

💬 I rarely take photos let alone post them.
전 사진 업로드는 물론이고 찍는 것도 거의 안 해요.

let alone
~은 커녕

not like being photographed 사진 찍히는 걸 싫어하다

💬 I like taking photos but I don't like being photographed.
사진 찍는 건 좋아하지만 사진 찍히는 건 싫어해요.

take a picture for ~의 사진을 찍어 주다

💬 Would you take a picture for us?
저희 사진 좀 찍어 주시겠어요?

flattering (사진이) 돋보이게 하는

💬 To take flattering photos of myself, I usually shoot from above.

제 사진이 잘 나오게 하려고, 보통은 위쪽에서 사진을 찍어요.

Cf. This photo flatters me! 이 사진이 실물보다 잘 나왔어요!

camera-shy 사진 찍히기 싫어하는

💬 I am too much shy in front of a camera; I am really camera-shy.

전 카메라 앞에 서면 너무 부끄러워요. 전 사진 찍는 게 정말 싫어요.

awkward 어색한

💬 Whenever I try to smile in photos, it looks awkward.

사진에서 웃으려고 할 때마다, 웃는 게 어색해 보여요.

crisp 색이나 명암의 차이가 잘 드러나고 선명한

💬 I got crisper photos with the flash on my smartphone.

제 스마트폰 플래쉬를 사용하니 더 선명한 사진이 나왔어요.

take selfies 셀카를 찍다

💬 I like taking selfies and checking myself at mirrors.

전 셀카를 찍고 거울로 제 모습을 체크하는 게 좋아요.

far away from ~에서 멀리 떨어져

💬 When I take photos, I try to hold the camera as far away from my body as possible.

전 사진을 찍을 때 가능한 한 카메라를 몸에서 멀리 떨어지게 잡으려고 해요.

look better in photos 사진이 실물보다 더 낫다
↔ **look bad in photos** 사진이 잘 안 나오다

💬 I look much better in photos than in real life.
전 실물보다 사진이 훨씬 나아요.

💬 I look good in the mirror but bad in photos.
거울을 보면 제가 괜찮아 보이는데 사진은 잘 안 나와요.

in real life than in photos 사진보다 실물이

💬 I always look better in real life than in photos.
전 늘 사진보다 실물이 더 괜찮아 보여요.

in good quality 좋은 화질로

💬 Even though I upload my photo in good quality, it shows a bit blurry.
좋은 화질로 사진을 업로드해도 약간 흐려 보여요.

photograph well 사진이 잘 나오다

💬 I photograph well but my sister is not photogenic at all.
전 사진이 잘 나오는데 여동생은 전혀 잘 안 나와요.

💬 I do not tend to photograph well but I don't care.
사진이 잘 안 나오는 경향이 있지만 전 상관 안 해요.

photogenic 사진이 잘 받는

💬 I don't like my photo taken because I am not photogenic.
제 사진이 찍히는 게 싫어요. 사진이 잘 안 받으니까요.

look exactly the same 똑같아 보이다

💬 I look exactly the same in photos and in real life.
전 사진과 실물이 똑같아요.

the best picture ever 인생샷

💬 This is the best picture I've ever taken!
이 사진이 제 인생샷이에요!

photo editing app 사진 편집용 앱

💬 I use two photo editing apps available for android.
One is Snapseed and the other is Lightroom.
전 안드로이드용 사진 편집 앱 두 개를 사용하는데, 하나는 스냅시드이고
다른 하나는 라이트룸이에요.

colorize 색을 입히다

💬 I have basic Photoshop skills and I often colorize black and
white photos, without creating a mess.
제가 기초 포토샵 스킬이 있어서 종종 망치지 않고 흑백 사진에 컬러를 입혀요.

사진 찍기

Say cheese! 자, "김치~"(외국에서는 우리말 '김치' 대신 '치즈'라고 함)

get a perfect side shot 완벽한 옆모습을 찍다

take a snap shot 스냅 사진을 찍다

mug (무대나 카메라 앞에서) 우스꽝스런 표정을 짓다[행동을 하다] (*mugshot 범인 식별용 얼굴 사진)

capture in a picture 사진에 담다 capture moments 순간들을 포착하다

store 저장하다 take a quick burst of images 갑자기 눌러 (동적) 이미지를 찍다

pull more focus to the subject 대상에 더 초점을 맞춰 조정해서 찍다

the sunlight falls directly on 햇빛이 ~에 곧바로 비추다

keep one's poses natural 동작들을 자연스럽게 하다

overcrowd the image 이미지에 너무 많은 사물을 담다

use a tripod 삼각대를 이용하다 post one's photos 사진을 올리다

사진술

photo shoot 사진 촬영 photo quality 사진의 품질

rule of thirds 1/3 구성법(수직, 수평으로 고르게 1/3씩 나눠 3X3의 그리드로 화면을 구성하는 것)

the golden hour (사진을 찍을) 절호의 시간 vivid colors 생생한 색들

definition 선명도 camera shortcut 카메라 단축키(아이폰)

reflective surface 반사면 composition 구도

adjustable aperture 조절 가능한 조리개 zoom in 줌 렌즈로 클로즈업해서 잡다

frame 만족스러운 사진 구도를 잡아 틀 안에 넣다 develop 사진을 현상하다

사진

blurred 흐릿한 sharp 선명한 distorted 사진의 상이 비뚤어진

well-lit 불빛이 잘 비춰진 appealing 매력적인

make a shaky photo 사진이 흔들려서 나오다

132

운전/출퇴근

018

운전 018-1

be a good driver 운전을 잘하다
↔ **be bad at driving** 운전을 잘 못하다

💬 I have been told that I am a good driver.
전 운전 잘한다는 이야기를 들어 왔어요.

💬 I am bad at driving. I am scared of cars that are nearby while on the wheel.
전 운전을 잘 못해요. 운전할 때 근처에 있는 차들이 무서워요.

have a poor sense of direction 길치이다

💬 I have a poor sense of direction so when I need to drive on my own, I really get nervous.
전 길치라서 혼자 운전을 해야 할 때면 정말 신경이 날카로워져요.

have a[one's] driver's license but don't drive
장롱면허이다

💬 I have a driver's license but never drive.
전 장롱면허예요.

get a[one's] driver's license 운전 면허증을 따다

💬 I got my driver's license about a year ago.
일 년 전쯤 운전 면허증을 땄어요.

valid 유효한

💬 I need to find out if my driver's license is still valid in California.
제 운전 면허증이 캘리포니아주에서 여전히 유효한지 알아봐야 해요.

temporary 임시의

💬 I got a parking ticket under a temporary license plate.

전 임시 번호판을 달고 주차 위반 딱지를 뗐어요.

expired 만기가 된

💬 My driver's license will be expired next week so I need to renew it.

제 운전 면허증이 다음 주에 만기가 되어서 갱신해야 해요.

have trouble (with) parking 주차를 잘 못하다

💬 I have trouble with parking because I cannot tell if I am too close to a car or not.

다른 차랑 너무 가까운 건지 아닌지 구별을 못해서 제가 주차를 잘 못해요.

cannot parallel park 평행주차를 못하다

💬 I have been driving for 10 years but I still can't parallel park at all.

운전을 10년 동안 했는데도 평행주차를 전혀 못해요.

park crooked 비스듬히 주차하다

💬 Whenever parking, I keep hitting curbs and parking crooked.

주차할 때미디, 전 도로 경계석에 계속 부딪히고 비스듬히 주차해요.

Cf. park straight 똑바로 주차하다

take a detour 우회하다

💬 Driving to work, I had to take a detour because of the road works.

회사로 운전해서 가다가 도로 작업 때문에 우회할 수밖에 없었어요.

pick up speed 속도를 내다

💬 When I picked up speed, the driver opened his window and flipped me off.

제가 속도를 내자, 그 운전자가 창문을 열더니 가운뎃손가락을 들어 욕을 했어요.

딱지와 사고

be given a ticket for ~로 딱지를 발부받다

💬 I was given a ticket for talking on the phone while driving.

운전 중에 통화했다는 이유로 딱지를 받았어요.

turn left at a blinking light 신호등이 깜빡일 때 좌회전하다

💬 I turned left on a yellow at a blinking light and I got a ticket.

신호등 노란불이 깜박거릴 때 좌회전하다가 딱지를 끊었어요.

damaged
파손된

be in a car accident 자동차 사고를 당하다

💬 I was in a bad car accident. Fortunately, my car was damaged but I was all right.

전 심각한 교통사고를 당했어요. 다행히도 차는 망가졌지만 전 괜찮았어요.

hit and run accident 뺑소니 사고

💬 My car was totaled in a hit and run accident.

제 차가 뺑소니 사고로 완전 박살이 났어요.

swerve
방향을 바꾸다

head-on collision 정면 충돌

💬 I had a head-on collision with a car as I couldn't swerve.

제가 방향을 바꾸지 못해서 어떤 차랑 정면 충돌했어요.

swerve to the shoulder 길가로 차를 틀다

💬 I swerved to the shoulder to avoid hitting a pedestrian.

보행자를 치지 않으려고 길가로 차를 틀었어요.

almost hit 거의 칠 뻔하다

💬 A car almost hit me when I was crossing the street in a pedestrian light.

보행자 신호에 길을 건너고 있을 때 차 한 대가 절 거의 칠 뻔했어요.

운전 중 문제

doze (off) while driving 졸음 운전을 하다

💬 I narrowly avoided a collision yesterday after I dozed off while driving.

어제 저 졸음 운전하다가 다른 차량과의 충돌을 겨우 피했어요.

reckless driving 난폭 운전

💬 I got in trouble when someone reported me for reckless driving.

누군가 절 난폭 운전으로 신고해서 곤란에 처했어요.

get in trouble
곤란에 처하다

be pulled over (경찰이) 차를 멈추게 하다

💬 Once I was pulled over as I texted while driving.

한번은 운전 중에 문자하다가 경찰이 길가에 차를 세우게 했어요.

honk one's horn 경적을 울리다

💬 A driver honked his horn at me when I was walking, listening to music.

음악을 들으며 걸어가는데 운전자가 저한테 경적을 울렸어요.

pull off
(도로를) 벗어나다

tailgate (차가) 뒤에서 바짝 따라오다

💬 When I was aggressively tailgated,
I pulled off the road.

난 다른 차가 뒤에서 심하게 따라 붙어서, 그 도로에서
빠져나왔어요.

road rage (치미는 분노를 참지 못해) 난폭한 말과 행동으로 운전자를 위협함

💬 Someone had road rage claiming that I was tailgating and
followed me home to fight.

누군가 제가 자기 차를 바싹 따라왔다고 주장하며 난폭한 말로 위협을 하고 싸우자고
집까지 따라왔어요.

slow down 속도를 늦추다

💬 I often see people in their cars yelling at me to
slow down.

종종 차를 탄 사람들이 저에게 속도 좀 늦추라고 소리 지르는 것을 보아요.

(출퇴근)

go to work by car/bus/subway 자가용/버스/지하철로 출근하다

💬 I enjoy driving so I'd rather go to work by car.

운전하는 걸 좋아해서 직장에 자가용으로 출근하는 편이 좋아요.

💬 I had to go to work by bus because my car broke down.

차가 고장 나서 버스로 출근해야 했어요.

💬 I usually commute by car but every Friday, I go to work by
subway.

보통은 자가용으로 출퇴근하지만 금요일마다는 지하철로 출근해요.

Cf. use public transportation 대중교통을 이용하다

walk to work 걸어서 출근하다

💬 Every day I walk to work for about 70 minutes.

전 매일 약 70분 동안 걸어서 출근해요.

be caught[stuck] in heavy traffic 심한 교통체증에 걸리다

💬 I was caught in heavy traffic on my way home.

집에 오는 길에 교통체증이 심해서 오도가도 못하고 갇혔어요.

tap one's card 카드를 찍다

💬 This morning, I forgot to tap my card when getting off the bus.

오늘 아침 버스에서 내릴 때 카드 찍는 걸 깜빡했어요.

squeeze into ~ 안으로 비집고 들어가다

💬 When I squeezed into the jam-packed subway, the passengers were jostling and yelling at one another.

만원 전철을 비집고 탔을 때, 승객들은 서로 밀치고 소리 지르고 있었어요.

spend + 숫자 + hours commuting 통근하는 데 ~ 시간을 할애하다

💬 I am dead tired spending 3 hours commuting but my job gives me a sense of fulfillment.

통근하는 데 3시간이나 할애하니까 매우 피곤해요. 하지만 직장에서 일을 하면서 성취감을 느껴요.

자동차와 운전	
	steering wheel 운전대 dashboard 자동차의 계기판
	wing mirror, side-view mirror 사이드 미러
	windshield wiper 자동차 앞 유리 와이퍼 foot brake 발로 밟는 브레이크
	bumper 범퍼(자동차 앞뒤의 충격 완화 장치) bonnet, hood 자동차 엔진 덮개
	lane 차선 behind[at] the wheel 운전하여
	put on[fasten] one's seatbelt 안전벨트를 매다
	take the backstreets 교통 체증이 적은 곳으로 돌아서 가다
	release[take off] the handbrake 핸드 브레이크를 풀다
	put it into reverse 후진 기어로 두다 drive in 4th gear 기어를 4단으로 운전하다
	step on the accelerator 가속 페달을 밟다 speed up 속도를 높이다
	get past a car 차를 지나가다, 추월하다 overtake 추월하다
	brake late 브레이크를 늦게 밟다
	brake sharply 급브레이크를 밟다(= jam on the brake)
	turn on/off the air conditioner 에어컨을 켜다/끄다
	turn up/down the radio 라디오 볼륨을 높이다/줄이다
	put on one's turn signal 방향 지시등을 켜다
	go at 100 mph 시속 100마일로 가다 get carsick 차멀미를 하다
	turn on a dime 급회전하다(= turn sharply, swerve) stop operation 작동을 멈추다

운전 및 차량 문제	
	get a parking ticket 주차 위반 딱지를 끊다 write a ticket (교통 위반) 딱지를 발부하다
	run the red light 멈춤 신호를 무시하고 달리다
	middle lane hogging 3차선 고속도로의 중간 차선 독차지
	(영국법: Keep in the left lane unless overtaking. 추월 목적이 아니면 좌측 차선을 유지하시오.)
	The engine has died. 엔진이 꺼졌다. rear-end 뒤에서 들이받다, 추돌하다
	engine stop 엔진 (작동) 멈춤 fender-bender 가벼운 접촉사고
	jackrabbit start 급발진(= sudden acceleration) long drive 오래 운전해야 하는 거리
	backseat driver 자동차 뒷자리에서 계속 잔소리를 하는 사람

교통 체증	
	tangled and impassable 엉켜서 통과할 수 없는
	bumper-to-bumper 교통체증으로 꽉 막힌 rush hour 혼잡 시간대
	congested 붐비는 at a complete standstill 완전히 정체된 상태로

I

CHAPTER 4

나의 삶
My life in general

ENGLISH

019

친구 관계

019-1

childhood friend 죽마고우

💬 My coworker, Jeremy, reminds me of one of my childhood friends.

동료 제레미를 보면 제 죽마고우가 생각나요.

a friend of one's friend 친구의 친구

💬 I sent a friend request to a friend of my friend on Facebook.

전 페이스북에서 친구의 친구에게 친구 요청을 했어요.

bestie 가장 친한 친구, 베프

💬 My sister is my bestie and soulmate.

언니가 제 베프이자 영혼의 단짝이에요.

a shoulder to cry on 기대고 싶은 사람

💬 I will always be here whenever you need a shoulder to cry on.

당신이 기대고 싶을 때엔 제가 항상 여기 있을게요.

have a lot of friends 친구가 많다

↔ not have many friends 친구가 많지 않다, 친구가 적다

💬 I have a lot of acquaintances and friends.

전 지인도 많고 친구도 많아요.

💬 I feel lonely as I don't have many friends.

전 친구가 많지 않아서 외로워요.

be friends with ~와 친구가 되다

💬 Everyone wants to be friends with me.

누구나 저와 친구가 되고 싶어 해요.

have trouble making friends 친구 사귀기가 어렵다

💬 I am shy and I have trouble making friends.

전 부끄러움을 많이 타서 친구 사귀기가 어려워요.

get on like a house on fire 금세 친해지다

💬 My friend, Tom introduced me to David and we got on like a house on fire.

제 친구 톰이 절 데이비드에게 소개했고 우리는 금세 친해졌어요.

get on well
잘 지내다

hit it off 죽이 잘 맞다

💬 We hit it off straight away and got on really well.

우리는 금세 죽이 맞았고 아주 잘 지냈어요.

have a wide circle of friends 발이 넓다

💬 I am happy because I have a wide and diverse circle of friends.

전 발도 넓고 다방면에 친구들이 있어서 좋아요.

(친구 관계)

drift apart (시간이 지나면서) 멀어지다

💬 We were close once but we drifted apart.

우린 한때 친했지만 (시간이 지나면서) 멀어졌어요.

become distant 소원해지다

💬 I had been friends with my ex but we became distant.

전 남자/여자 친구와는 친구로 지냈었는데 소원해졌어요.

make up (with) (~와) 화해하다

💬 My friend and I got into a fight but made up over text and became friends again.

친구와 제가 싸웠지만 문자로 화해하고 다시 친구가 되었어요.

💬 I don't know how to make up with my friend Bill after we had such a big quarrel.

그렇게 심하고 말다툼을 한 후에 친구 빌과 어떻게 화해를 할지 모르겠어요.

quarrel
말다툼

bump into ~와 우연히 마주치다

💬 I accidentally bumped into my old friends at a local shopping mall.

동네 쇼핑몰에서 옛날 친구들과 우연히 마주쳤어요.

know someone inside out ~를 속속들이 알다

💬 She is my lifelong friend and I literally know her inside out.

그 애가 평생의 친구라서 전 그 애를 말 그대로 속속들이 알아요.

the opposite of ~와 딴판임, ~와 정반대임

💬 We have been best friends for over 10 years but she is the complete opposite of me.

우리는 10년 이상 가장 친한 친구로 지내 왔지만 그 애는 저와 완전 딴판이에요.

the other way around 반대로

💬 I'm always the one to text her first, never the other way around. She doesn't care about me.

제가 항상 먼저 문자를 보내지 반대인 적은 한 번도 없어요. 걔는 저한테 관심 없어요.

text
문자를 보내다

hang out together 같이 돌아다니다

💬 We used to hang out together almost every day, and stay up all night from time to time.

우리는 거의 매일 함께 돌아다니고 때론 밤도 같이 지새웠어요.

stay up all night
밤을 지새우다

drain 진이 빠지게 하다

💬 I have a friend who is emotionally draining me. She always talks about her problems. Whenever I try to talk, she diverts the conversation.

감정적으로 진이 빠지게 하는 친구가 한 명 있어요. 항상 자신의 문제에 대해서 얘기하죠. 제가 말하려고 할 때마다, 대화를 딴 데로 돌려요.

give off good vibes 좋은 느낌/분위기를 풍기다

💬 My friend gives off good vibes and has amazingly positive energy.

제 친구는 좋은 느낌을 풍기고 놀라울 정도로 긍정적인 에너지가 있어요.

see eye to eye 의견이 일치하다

↔ not see eye to eye with ~와 의견이 다르다

💬 We don't see eye to eye on a lot of things but we are still friends.

많은 것에 대해서 의견이 다르지만 그래도 우리는 여전히 친구예요.

💬 When I feel like I can't see eye to eye with my friend, I shut down.

친구랑 의견이 다르다고 생각이 들면 전 마음의 문을 닫아요.

room to grow 발전할 여지

💬 We speak honestly and allow each other room to grow individually.

우리는 솔직히 말하고 서로가 각자 발전할 여지를 줘요.

sympathize with ~와 공감하다

💬 My friends sympathize with me and care for me when I feel sad.

제 친구들은 제가 슬플 때 공감해 주고 돌봐 줘요.

have a lot of history 사연이 많다

💬 Having been friends for over 10 years, we have a lot of history.
10년 이상 친구로 지내 왔으니까, 우리는 사연이 많아요.

bury the hatchet 갈등을 해결하다, 의견 대립을 종결하다

💬 I always say "Sorry" even when it's not my fault to bury the hatchet.
전 갈등을 해결하려고 제 잘못이 아니어도 항상 "미안해"라고 말해요.

have a hunch 직감이 들다

💬 I have a hunch that our relationship has turned obligatory.
전 우리 관계가 의무적이 되어 버린 게 아닌가 하는 느낌이 들어요.

obligatory
의무적인

긍정적인 친구 관계	strike up a friendship 우정이 싹트기 시작하다
	clear the air (이야기를 해서) 상황을 개선하다
	have friends in high places 친구들이 고위직에 있다
	feel comfortable around others 다른 사람들과 어울리는 게 편하다
	get out of one's routine 판에 박힌 일상에서 벗어나다
	push oneself beyond one's comfort zone 편안한 일상에서 벗어나다
	have common interest 공통의 관심사가 있다 pass[kill] time 시간을 때우다
	text someone back ~에게 문자 응답을 하다
	keep in touch with ~와 계속 연락을 취하다
	There is something going on between A and B. A와 B 사이에 뭔가 벌어지고 있다.
	go back a long way 오랫동안 알고 지내다

부정적인 친구 관계	be ignored 무시당하다 make excuses 변명을 하다
	talk trash about ~에 대해 모욕적인 말을 하다
	make up stories 말을 꾸며내다
	be bullied a lot 괴롭힘[왕따]을 많이 당하다
	play the victim 불쌍한 척 굴다, 자신이 피해자인 양 굴다
	shelter oneself 몸을 숨기다, 피하다
	deactivate one's social media SNS를 비활성화하다
	avoid social gatherings 사회적 모임을 피하다
	get bored of ~에 대해 싫증을 느끼다
	feel distant from ~와 멀어진 것 같다
	scared to get hurt 상처받을까 봐 두려운

친구의 유형	a bit of freak 좀 괴짜인 사람 nerd 멍청하고 따분한 사람 acquaintance 아는 사람
	friend from way back 아주 예전에 알던 친구
	a long-time friend 오랜 친구(= an old buddy)
	fair-weather friend 좋을 때만 친구
	through thick and thin 좋을 때나 안 좋을 때나
	as thick as thieves 짝짜꿍이 잘 맞는

020

나의 경제 상황

급여/소득 020-1

be a self-made man 자수성가하다
💬 I'm a self-made man.
저는 자수성가했어요.

get paid well 월급이 많다 ↔ not get paid well 월급이 적다
💬 I get paid fairly well.
전 월급을 꽤 많이 받아요.
💬 I don't get paid well compared to my friends.
친구들과 비교해서 전 월급이 적어요.

make a lot of money 돈을 많이 벌다
💬 My brother made a lot of money from crypto-currency.
오빠가 가상화폐로 돈을 많이 벌었어요.

get a pay raise 월급이 오르다
💬 I got a large pay raise this year.
올해 월급이 많이 올랐어요.

get a pay bump (in one's salary) 월급이 많이 오르다
💬 I switched jobs and got a pay bump.
전 직장을 옮겼고 월급이 많이 올랐어요.

earn enough money to live 사는 데 충분한 돈을 벌다
💬 I don't earn enough money to live comfortably.
편안하게 살기에 충분한 돈을 벌지는 못해요.

earn good money 벌이가 괜찮다

💬 I have a YouTube channel from which I earn good money.
전 유튜브 채널이 하나 있는데 거기서 벌이가 괜찮아요.

STOCKS

make money in the stock market/in real estate
주식으로/부동산으로 돈을 벌다

💬 I made money in the stock market with little money.
푼돈으로 주식 시장에서 돈을 벌었어요.

have extra income 급여 외 소득이 있다

💬 I work full-time but I have some extra income through working online.
전 정규직으로 일하는데, 온라인으로 일하는 걸로 월급 외 소득이 좀 있어요.

make ends meet 수지타산을 맞추다

💬 My salary isn't enough to make ends meet, and I can't maintain my status.
월급이 충분하지 않아 수지타산을 맞추기가 어렵고 품위 유지를 할 수가 없어요.

live paycheck to paycheck 월급으로 겨우 살다

💬 I live paycheck to paycheck and it's devastating.
월급으로 겨우 살아가니 참담하지요.

(경제 상황)

live within one's means 분수에 맞게 생활하다

💬 I am neither a big fan of luxury goods nor a big spender. I just live within my means.
전 명품을 좋아하지도 않고 씀씀이가 헤프지도 않아요. 그냥 분수에 맞게 생활해요.

save 저축하다

💬 I live in my parents' house to save money to buy my own house.
내 집 마련을 할 돈을 모으려고 부모님 댁에 살고 있어요.

frugal 검소한 stingy 인색한

💬 I am very frugal but I'm not stingy at all; I am just smart about spending money.

전 아주 검소하지만 인색하지는 않아요. 그냥 돈을 현명하게 쓸 뿐이에요.

credit history 신용 기록

💬 To increase my credit history, I always use my credit card when shopping, but I make sure to pay off the balance in full each month.

신용 기록을 높이려고, 전 쇼핑할 때마다 늘 신용카드를 사용하고 매달 잔액을 완전히 상환하도록 해요.

💬 I have a good credit history and no loans.

전 신용 기록도 좋고 융자 받은 것도 없어요.

Cf. bad credit history 신용 불량

go over one's credit limit 카드 한도가 초과되다

💬 I went over my credit limit and I was charged an over-limit fee.

카드 한도가 초과되어 한도 초과 수수료가 청구되었어요.

overdue 연체된(= delinquent)

💬 I can't find a job, which has led to my rent being overdue.

일자리를 못 찾아서 월세가 연체돼 있어요.

behind one's bills 공과금이 연체된

💬 I am behind my bills, and I am receiving collection calls.

공과금이 연체되어서 징수 전화가 와요.

collection
수금, 징수

financial hardship 재정적 어려움

💬 I dropped out of college due to financial hardship.

재정적 어려움으로 인해 대학을 중퇴했어요.

drop out of
~을 중퇴하다

live on
먹고살다

live hand to mouth 입에 겨우 풀칠하다

💬 I live hand to mouth because I barely have enough money to live on.

먹고살 돈이 충분하지 않아서 겨우 입에 풀칠하며 살아요.

be born with a silver spoon in one's mouth

금수저를 물고 (부자로) 태어나다

💬 I wasn't born with a silver spoon in my mouth.

전 금수저로 태어나진 않았어요.

pay off debt 빚을 갚다

💬 I prioritize paying off debt rather than saving money.

전 저축보다 빚 갚는 걸 우선시하고 있어요.

interest rate
이자율

pay one's mortgage 주택 담보 융자금을 갚다

💬 I am struggling to pay my mortgage because the interest rates have risen by 3 percent.

이자율이 3퍼센트나 올라서 주택 담보 융자금을 갚느라 애를 먹고 있어요.

be qualified for
~할 자격이 있다

low deposit 적은 계약금

💬 I am qualified for a mortgage with a low deposit.

전 계약금을 조금 내고 주택 담보 융자를 받을 자격이 있어요.

appreciate 가치가 오르다 ↔ depreciate 가치가 떨어지다

💬 I bought a nice house and a cheap car. Houses appreciate in value over time but cars depreciate in value.

전 근사한 집과 값싼 차를 샀어요. 집들은 시간이 지나면서 가치가 오르지만 자동차는 떨어지잖아요.

in cash
현금으로

debt-free 빚이 없는

💬 At 45 years old, I am debt-free and have an extra $50,000 in cash.

45세 나이에 전 빚이 없고 현금으로 여윳돈이 5만 달러 있어요.

Chapter 4 나의 삶

151

invest in ~에 투자하다

💬 I've invested in stocks and achieved a 35% annual return over the last 5 years.

주식에 투자해서 지난 5년 동안 35퍼센트의 연간 수익을 냈어요.

stock
주식

achieve a return
수익을 내다

bull market 강세 시장

💬 I want to buy some undervalued stocks in this present bull market.

현재의 강세 시장에서 저평가된 주식을 좀 사고 싶어요.

undervalued
저평가된

bear market 약세 시장

💬 I have held on to my stock investments through a bear market.

전 약세 시장에서 주식 투자금을 회수하지 않고 계속 보유하고 있어요.

💬 We are entering a bear market at the moment.

우리는 지금 약세 시장에 진입하고 있어요.

hold on to
~을 계속 보유하다

jobless 무직인(= unemployed)

💬 I am totally fucked up with my life. I am jobless and have no money.

전 인생 완전히 망쳤어요. 직장도 없고 돈도 없어요.

be fucked up
망치다

retirement 은퇴

💬 I have no savings for retirement but it doesn't bother me.

은퇴한 후 쓸 저축은 없지만 그것 때문에 신경 쓰이거나 하지는 않아요.

retire early 조기 은퇴하다

💬 My dream is to retire early and live off the interest from savings like FIRE.

제 꿈은 FIRE족들처럼 조기 은퇴하고 은행 이자로 먹고 사는 거예요.

live off
~를 의지해서 살다

Cf. FIRE (= Financial Independence, Retire Early)

경제적 독립을 하여 조기 은퇴하는 사람들의 집단

경제적 어려움	lack of income 소득 부족 credit delinquent 신용불량자 deadbeat 고의로 빚을 갚지 않는 사람 hard-up 갑자기 돈에 쪼들리는 poor as a church mouse 찢어지게 가난한 on a tight budget 돈에 쪼들리는 flat broke 완전 빈털터리인 be caught short of money 돈이 부족하다 go broke 무일푼이 되다, 파산하다 go bankrupt 파산하다 go through a hard time 어려운 시기를 겪다
소득, 수입원	loaded 아주 부자인 from rags to riches 무일푼에서 벼락부자로 have the Midas touch 손대는 일마다 돈을 벌다 make an honest penny 일해서 (정직하게) 돈을 벌다 save for a rainy day 만일을 위해 저축하다 back on one's feet 재정적으로 회복하다 one's bread and butter ~의 주 수입원 cash cow 돈이 되는 것, 황금알을 낳는 거위 heavy money 큰돈 easy money 쉽게 번 돈(= fast buck) mad money 유흥에 쓸 돈 nest egg (퇴직 후의) 밑천 kickback 불법 리베이트, 뇌물(= bribe)
소비, 지출	live beyond one's means 자기 분수에 넘치는 생활을 하다 chip in for ~을 위해 갹출하다 cost an arm and a leg 많이 비싸다 cheap 저렴한 expensive 비싼 by check 수표로 by credit card 카드로 What a rip-off! 정말 바가지네! It's a steal! 완전 거저군! The price is reasonable. 가격이 적당하다. Let's go Dutch! 더치페이하자! It's on the house. 이건 서비스로(무료로) 드리는 거예요. It's on me. 제가 낼게요. short-changed 거스름돈을 덜 받은
돈 관련 명언	Money talks! 돈이 최고다! A penny saved is a penny earned. 한 푼 절약하면 한 푼 번 것이나 다름없다. A fool and his money are soon parted. 어리석은 자는 돈을 오래 지니고 있지 못한다.

건강한 인간관계/
비정상적 인간관계

021

건강한 인간관계 021-1

be in a happy relationship 행복하게 사귀다

💬 I am currently in a fairly happy relationship.

전 현재 꽤 행복하게 사람을 사귀고 있어요.

deserve to be loved 사랑받아 마땅하다

💬 I deserve to be loved and respected.

전 사랑받고 존중받아 마땅한 사람이에요.

trust each other 서로 신뢰하다

💬 My husband and I trust each other; we never lie to each other.

남편과 전 서로 신뢰해요. 우리는 서로에게 절대 거짓말하지 않아요.

compliment 칭찬하다

💬 I complimented my friend on her insightful comments.

전 친구의 통찰력 있는 언급을 칭찬했어요.

show respect for differences 차이를 존중하다

💬 I think it is important to show respect for everyone's differences.

전 각자의 차이를 존중하는 게 중요하나고 생각해요.

feel secure 안정감이 들다

💬 I feel secure when I am with my family.

전 가족과 함께 있으면 안정감이 들어요.

treat someone equally[as an equal partner]
~를 동등하게(동등한 파트너로) 대우하다

💬 My boyfriend treats me as an equal partner.
　　남자 친구는 절 동등한 파트너로 대해요.

feel a strong connection to ~에게 깊은 유대감을 느끼다

💬 I feel such a strong connection to my children.
　　전 제 아이들에게 너무나 강한 유대감을 느껴요.

from all walks of life 각계각층의

💬 I am interested in meeting people from different cultures and from all walks of life.
　　전 다른 문화와 각계각층의 사람들을 만나는 데 관심이 있어요.

fill the void 빈 공간을 메우다

💬 I love my friends and family, not to fill the void in my heart, but unconditionally.
　　전 제 마음속 빈 공간을 메우려고가 아니라 조건 없이 가족과 친구들을 사랑해요.

speak highly of ~를 좋게 말하다

speak ill of
~에 대해 안 좋게
말하다

💬 I try to speak highly of others instead of speaking ill of them.
　　전 다른 사람들을 욕하는 대신에 좋게 말하려고 노력해요.

comfort zone 익숙한 곳

💬 I have made an effort to be out of my comfort zone and talk to people.
　　전 제게 익숙한 곳에서 벗어나 사람들과 얘기하려고 노력했어요.

agree to disagree 반대 의견을 인정하다

💬 I have always accepted my friends' opinions and agreed to disagree.
　　전 늘 친구들의 의견을 받아들이고 반대 의견을 인정했어요.

respect one's personal space 개인 공간을 존중하다

💬 My girlfriend and I have respected each other's personal spaces, and we are getting closer to each other.
여자 친구와 저는 각자의 개인 공간을 존중해 왔고 그래서 우리가 서로 더 친해지고 있어요.

비정상적 인간관계

fight all the time 항상 싸우다

💬 My boyfriend and I keep fighting all the time.
남자 친구와 전 항상 계속 싸워요.

not utter a word 한마디도 하지 않다

💬 I did not utter a word to my mother last month.
지난달에 전 엄마와 한마디도 안 했어요.

gaslighting 가스라이팅

💬 My ex-girlfriend emotionally manipulated me. I have been a victim of gaslighting.
제 전 여자 친구는 감정적으로 저를 조종했어요. 제가 가스라이팅의 희생자였던 거지요.

manipulate
조종하다

be stalked 스토킹을 당하다

💬 I have been stalked by my ex-boyfriend for three (freaking) years.
저는 (빌어먹을) 3년 동안 전 남자 친구한테 스토킹을 당해 왔어요.

talk behind one's back 뒷담화를 하다

💬 I usually ignore when people talk behind my back.
사람들이 제 뒷담화를 하면 보통은 무시해요.

negative 부정적인

💬 Whenever someone esteems me highly, she brings up something negative about me or my past.
누가 나를 높이 평가할 때마다, 그 애는 저와 제 과거에 대해 부정적인 이야기를 끄집어내요.

esteem - highly
~를 높이 평가하다

bring up
이야기를 끄집어내다

156

develop a thick skin 무신경해지다

💬 I just need to develop a thick skin. I don't need to care about what others think about me.

전 좀 무신경해져야 해요. 다른 사람들이 저에 대해 어떻게 생각하는지 신경 쓸 필요가 없는데 말이죠.

unhealthy 건강하지 못한

💬 I am in an unhealthy relationship. I am addicted to it.

전 건강하지 못한 관계를 맺고 있어요. 그런 관계에 중독되어 있는 거예요.

be manipulative 조종하다

duplicitous
표리부동한

💬 She is manipulative and duplicitous, so I don't want to deal with her.

그녀는 사람을 조종하는 데 능하고 표리부동한 사람이어서 전 그 사람 상대하고 싶지 않아요.

disguise 위장하다

hypocrite
위선자

💬 Don't trust him. He is a hypocrite who disguises his true self.

그 사람 믿지 마세요. 자신의 진짜 모습을 위장하는 위선자예요.

painful memories 고통스러운 기억들

💬 I joined the army to escape from the painful memories that persist whenever I try to resist them.

전 거부하려 할 때마다 지속되는 고통스러운 기억에서 벗어나려고 군에 입대했어요.

**건강한
인간관계**

compatible (서로) 조화할 수 있는 altruistic 이타적인

caring 배려하는(= considerate) secure 안전한 heal wounds 상처를 치유하다

hold someone dear ~를 소중히 여기다(= cherish)

compromise 타협, 타협하다 fight fair 정정당당하게 싸우다

build a strong relationship 강한 유대관계를 구축하다

share one's feelings 감정을 공유하다 cheer up 기운을 북돋우다

exchange compliments 서로 칭찬하다 carefully listen to ~을 주의 깊게 듣다

be willing to forgive 기꺼이 용서하다 have fun 즐거운 시간을 보내다

make a lot of efforts 많은 노력을 하다

commitment 관계에 대한 책임 appreciation 감사(= gratitude)

communication 소통 understanding 이해

Small acts make a big difference. 작은 행동들이 큰 차이를 만든다.

**비정상적
인간관계**

arduous 몹시 힘든 estranged from ~와 소원해진 hostile 적개심을 보이는

malicious 악의적인 suffocating 질식할 것 같은

strained 껄끄러운, 억지로 꾸민 듯한 fragile 깨지기 쉬운 unstable 불안정한

illicit 불법의, 사회 통념에 어긋나는 oppressive 숨막히게 하는, 강압적인

tense 경직된 at the end of one's rope 관계의 한계에 이른

tire someone out ~를 지치게 하다

get off on the wrong foot 첫 단추를 잘못 끼우다

talk to a brick wall 벽에 대고 이야기하다, 아무 반응이 없다

put one's hands on ~을 때리다 dread -ing ~하는 것을 무서워하다

walk on eggshells 살얼음 위를 걷다, 눈치 보다 get dragged into ~에 말려들다

do more harm than good 이로움보다 해가 더 많다

break someone down ~가 멘붕이 오게 하다

wear someone out ~를 지치게 만들다

take an emotional toll on ~에게 감정적 피해를 주다

not do one's fair share 자기 의무를 다하지 않다

be under the thumb of ~의 손아귀에서 놀아나다

022

집/주변 환경

위치와 형태   022-1

not far away from ~에서 멀지 않은
💬 My house is not far away from my office.
저희 집은 제 사무실에서 멀지 않아요.

adjacent to ~과 인접한
💬 I want to live in a house that is adjacent to many facilities.
편의시설들이 많은 곳에 인접한 집에서 살고 싶어요.

close to ~과 가까운
💬 I live fairly close to the beach.
바닷가와 상당히 가까이에 살아요.

next to ~ 옆에 있는
💬 My friend just moved into the apartment next to mine.
친구가 제 아파트 옆 아파트로 막 이사를 왔어요.

near ~ 근처에 있는 (near to를 쓰면 틀린 표현)
💬 There are no parking spaces near my home.
저희 집 주변에는 주차 공간이 없어요.

conveniently located 편리한 곳에 있는
💬 My house is conveniently located near a bus stop.
저희 집은 버스 정류장 근처 편리한 곳에 있어요.

one's neighborhood ~의 동네, ~의 인근 지역

💬 My neighborhood is the best in Seoul; it is quiet and safe.

저희 동네가 서울에서 가장 좋아요. 조용하고, 안전하죠.

💬 I am always worried about the safety of my neighborhood because I live in a town with a very high crime rate.

제가 사는 인근 지역의 안전에 대해 항상 걱정을 하죠. 범죄율이 매우 높은 마을에 살고 있으니까요.

crime rate
범죄율

smack[right] in the middle of ~의 한가운데에 있는

💬 My office is right in the middle of London.

제 사무실은 런던 한복판에 있어요.

within walking distance 걸어갈 수 있는 거리에 있는

💬 I want to live in an area that has everything I need within walking distance.

걸어갈 수 있는 거리에 제가 필요로 하는 모든 게 다 있는 지역에서 살고 싶어요.

Cf. within a stone's throw 엎어지면 코 닿을 거리

single-unit house 단독주택

💬 I am planning to build a single-unit house for myself and live out the rest of my life leisurely.

전 단독주택을 직접 지어서 여생을 여유롭게 살 계획이에요.

leisurely
여유롭게, 느긋하게

house with an attached garage 차고가 딸린 집

💬 We rented a house with an attached garage.

우린 차고가 딸린 집을 렌트했어요.

Cf. a detached garage 집과 분리되어 떨어진 곳에 위치한 차고

160

flat 아파트, 연립주택(영국식)

amenities
편의시설

💬 I recently moved into a nice flat, which is close to all the amenities such as convenience stores, drugstores and shopping centers.

최근에 괜찮은 아파트로 이사 왔는데, 편의점, 약국, 쇼핑센터 같은 모든 편의시설과 가까워요.

rent 임대하다

utility
공과금

💬 I rented a studio for 700 dollars a month, including utilities.

공과금 포함해서 월 700달러에 원룸 아파트를 임대했어요.

custom-built[built-in] wardrobe 붙박이장

💬 I like the house because it has a custom-built wardrobe with a lot of features.

여러 특색을 갖춘 붙박이장이 있어서 전 그 집이 좋아요.

Cf. walk-in closet 걸어 들어갈 수 있는 크기의 큰 옷장

renovate 개조시키다

at a reasonable price
합리적인 가격에

💬 I recently had my house renovated at a reasonable price.

최근에 합리적인 가격에 집을 개조했어요.

(분위기)

comfortable 편안한

💬 Though my house is small, it is incredibly comfortable.

저희 집은 작지만 정말 너무 편안해요.

decent 그럴싸한, 괜찮은

💬 I am currently searching for a room in a decent location with suitable amenities.

전 지금 편의시설을 적당히 갖춘 괜찮은 지역에 있는 방을 구하고 있어요.

organized 정돈된 multifunctional 다기능적인

💬 The interior designer made my space organized and multifunctional.

인테리어 디자이너가 제 공간을 정돈되고 다기능적 공간으로 만들어 주었어요.

inviting 남의 눈을 끄는, 매력적인 cozy 아늑한

💬 I wanted to make my home more inviting and cozy so I decided to purchase a wood-burning fireplace.

제 집을 시선을 사로잡으면서도 더 아늑하게 하고 싶어서 나무를 태워서 쓰는 벽난로를 구입하기로 했어요.

주거 위치와 형태	on the outskirts of ~의 교외에 urban 도시의 rural 시골의 hop and jump 지척 uptown 도심을 벗어난, 상류층의 downtown 시내의 (*cf.* go downtown 시내로 나서다) residential area 주거 지역 resort 휴양지
집의 상태	shabby 낡은 airy 바람이 잘 통하는 well-insulated 단열이 잘된 well-kept 관리가 잘된 quiet and still 매우 조용한 cramped 비좁은 functional 기능적인 luxurious 호화스러운 spacious 널찍한 plumbing 배관(수도관) fixture 붙박이 vent 통풍구 ventilation 환기 faucet 수도꼭지 rental 임대, 임차 rent 임대료, 세놓다 mortgage 주택 담보 융자
동네 분위기	local 동네의, 지역의 untouched 훼손되지 않은 polluted 오염된 lively 활기 넘치는 bustling 북적거리는 cosmopolitan 국제적인, 범세계적인 homey 제집 같은 picturesque 그림 같은 peaceful 평화로운 pastoral 목가적인 secluded 한적한 crowded 번잡한
집 수리	remodel 리모델링하다 put up wallpaper 벽지를 바르다 leak (물 등이) 새다 tear down 부수다 creak 삐걱거리다 replace 교체하다 Rain water leaks in walls. 비가 벽에서 샌다. The toilet is clogged. 변기가 막혔다.

Chapter 4 나의 삶   163

I

CHAPTER 5

내 인생의 낙
Pleasures in my life

ENGLISH

음주가무

023

음주 023-1

good drinker 술을 잘 마시는 사람

💬 I don't consider myself to be a good drinker.
제가 술을 잘 마시는 사람은 아니에요.

social drinker 술자리를 좋아하는 사람

💬 I am a social drinker; I drink to fit in.
전 술자리를 좋아해요. 사람들과 어울리려고 술을 마시죠.

fit in
~와 어울리다

load up on alcohol 술로 배를 채우다

💬 I don't like to load up on alcohol before dinner.
저녁 먹기 전에 술로 배를 채우는 건 좋아하지 않아요.

blotchy (색이) 얼룩덜룩한

💬 My face turns red and blotchy when I drink.
술을 마시면 전 얼굴이 빨개지고 얼룩덜룩해져요.

have a glass of wine 와인 한 잔을 마시다

💬 I have a glass of red wine almost every day.
전 거의 매일 레드 와인 한 잔을 마셔요.

drink almost every night 거의 매일 밤 술을 마시다

💬 I keep drinking almost every night.
전 거의 매일 밤 계속 술을 마셔요.

drink way too much 술을 지나치게 많이 마시다

💬 I know I drink beer way too much because
I always get wasted.

제가 맥주를 지나치게 많이 마신다는 건 알아요. 언제나 꽐라가 되니까요.

heavy drinker, drunkard 술고래

💬 I am a heavy drinker but I am in good health.

전 술고래인데 건강은 좋아요.

drinking limit 주량

💬 What's your drinking limit?

주량이 어떻게 되나요?

teetotaler 술을 한 모금도 못 마시는 사람

💬 I am a teetotaler but my husband drinks a lot so we always
fight about alcohol.

전 술을 전혀 못 마시지만 남편은 많이 마셔요. 그래서 우리는 술 때문에 늘 다퉈요.

fight drunk[tipsy] 술 취해서 싸우다

💬 My boyfriend and I fight drunk often.

남자 친구와 전 종종 술 취해서 싸우기도 해요.

get tipsy 취기가 오르다

💬 I've noticed that whenever I get tipsy, I tend to cry a lot.

제가 보니까 취기가 오를 때마다 제가 많이 우네요.

get drunk 술에 취하다

💬 I got so drunk that I couldn't remember anything.

너무 취해서 아무것도 기억할 수 없었어요.

alcoholic 알코올 중독자인

💬 I drink almost a bottle of wine every night but I don't think I am alcoholic.

저는 매일 밤 거의 와인 한 병을 마시지만, 알코올 중독은 아닌 것 같아요.

get blackout drunk 술에 취해 필름이 끊기다

💬 I got blackout drunk and came home with a black eye.

전 술에 취해 필름이 끊어져 눈에 멍이 든 채 집에 왔어요.

binge-drink 폭음하다

💬 I don't drink every day, but when I do drink, I tend to binge-drink and exceed my limits.

전 매일 마시는 건 아니지만 마실 땐 폭음을 하고 선을 넘는 경향이 있어요.

throw up 토하다(= **vomit**)

💬 I frequently throw up after a night of drinking.

밤새 술을 마신 후엔 전 자주 토해요.

hangover 숙취

💬 I've had severe hangovers for a few months so I'm trying to quit drinking.

몇 달 동안 (술 마시고 난 후에) 숙취가 심해서 술을 끊으려고 하고 있어요.

lose the taste for ~에 대한 미각을 잃다

💬 I lost the taste for booze all of a sudden; one day, my beer tasted weird out of nowhere.

갑자기 술에 대한 미각을 잃었어요. 어느 날 어딘지 모르게 맥주 맛이 이상하게 나더라고요.

pub crawl, bar hopping 술집 순례

💬 I know a good pub crawl route in Jamestown.

제임스타운에 술집 순례하기 좋은 루트를 알아요.

booze
술

out of nowhere
어딘지 모르게

let slide (실수 등을) 그냥 내버려두다

💬 My boyfriend got drunk and made a few mistakes but I let them slide.

남자 친구가 술에 취해서 실수를 몇 가지 했는데 그냥 봐줬어요.

pass out 정신을 잃다

💬 I passed out on the street drunk.

전 취해서 길에서 정신을 잃었어요.

wake up drunk in bed 취해서 깨어나 보니 침대에 있다

💬 I woke up drunk in bed with no memory of how I got home.

집에 어떻게 왔는지 기억이 안 나는데 취해서 깨어 보니 제가 침대에 있더라고요.

Cf. wake up drunk in a parking lot 취해서 깨어나 보니 주차장에 있다

fall off the wagon 술을 끊었다가 다시 마시다

💬 I try to beat alcoholism but I keep falling off the wagon.

알코올 중독을 이겨내려 노력 중인데, 계속 못 이기고 다시 술을 마셔요.

intoxicated
취한

fully sober up 술이 완전히 깨다

💬 It takes me more than a day to fully sober up after becoming intoxicated.

술 취한 다음에 완전히 깨는 데 하루 이상 걸려요.

DUI
(= driving
under
the influence)
음주 운전

breathalyzer 음주 측정기

💬 I was caught for DUI with a breathalyzer reading of 0.42.

음주 운전으로 잡혔는데 음주 측정기로 0.42가 나왔어요.

have a low tolerance to ~에 (저항력이) 약하다

💬 I end up throwing up whenever I drink because I have a very low tolerance to alcohol.

전 술이 아주 약해서 술 마실 때마다 토하고 말아요.

hold one's liquor 술을 마셔도 흐트러지지 않다

💬 I get drunk so easily and I cannot hold my liquor.

전 너무 쉽게 취해서 술을 마시면 흐트러져요.

(가무)

party person 파티광

💬 I am not a party person. I never get wild at a party.

전 파티광이 아니에요. 파티에서 정신없이 즐기지는 않거든요.

party pooper 분위기를 망치는 사람, 흥을 깨는 사람

💬 I hate to be a party pooper but I've got to go.

(파티 중간에 나가면서) 흥을 깨고 싶진 않지만 가야겠어요.

💬 All of my friends enjoy drinking but I don't enjoy it. I don't want to get drunk but I also don't want to be a party pooper.

친구들 모두 술을 좋아하지만 전 술을 즐기지 않아요. 취하고 싶지도 않지만 흥을 깨는 사람이 되고 싶지도 않네요.

be terrible at ~을 끔찍하게 못하다

💬 I am terrible at dancing; I always feel awkward and look clumsy when I try to dance.

전 춤을 정말 못 춰요. 춤 추려고 하면 늘 어색한 느낌이고 어설퍼 보여요.

awkward
어색한

clumsy
어설픈

go-to song 애창곡

💬 I don't have any particular go-to songs, but I enjoy singing. The challenge for me is that I often struggle to hit high notes.

특별한 애창곡은 없지만 노래 부르는 걸 좋아해요. 고음이 잘 올라가도록 종종 애쓰는 게 힘들긴 해요.

hit high notes
고음이 잘 올라가다

belt out a song 노래를 크게 부르다

in tune
음을 맞춰

💬 I start off singing in tune, but after belting out three songs in a row, I completely lose my pitch.

저는 음정에 맞춰 노래를 부르기 시작하다가 세 곡을 연달아 목청껏 부른 후에는 완전히 음을 놓쳐요.

carry a tune 가락을 틀리지 않고 정확히 노래하다

💬 I am tone-deaf and cannot carry a tune, but I still enjoy singing.

전 음감이 없고 가락도 못 맞추지만, 그래도 노래하는 건 좋아해요.

have two left feet 춤추는 모습이 아주 어색하다(춤출 때 발이 자꾸 엉키다)

💬 I feel like I have two left feet.

저는 춤추는 모습이 영 어색한 것 같아요.

look stiff 뻣뻣해 보이다

a pretty
decent dancer
꽤 근사하게 춤을
추는 사람

💬 I looked stiff when I danced but after practicing a lot, now I am a pretty decent dancer.

제가 (예전에) 춤출 때는 뻣뻣해 보였는데 연습을 많이 한 후에 지금은 꽤 근사하게 춤을 추어요.

음주

drink someone under the table ~를 술로 곯아떨어지게 하다

knock back a drink 원샷하다, 단숨에 마시다 drink up 남기지 않고 다 마시다

treat someone to a drink ~에게 술을 한 잔 사다

drive someone to drink (스트레스, 어려운 환경 등이) 술을 안 마시면 못 배기게 만들다(몰아가다)

wet one's whistle 술로 목을 축이다 teetotal 술을 한 모금도 못 마시는

booze 술을 진탕 마시다, 술

Toast to ~! ~를 위해 건배! Bottoms up! 원샷!

가무

shuffling 발을 질질 끌기 stepping 한 스텝 밟는 것

hit low notes 저음이 잘 내려가다 breathy 숨소리가 섞인

angelic 천상의 목소리를 가진 gruff 걸걸대는 growling 그르렁거리는

lilting 경쾌한 delicate 섬세한 nasal 콧소리가 섞인 rasping 귀에 거슬리는

soulful 혼이 담긴 at a high pitch 키를 높게 잡아 sing out 목청을 뽑다

burst into song 갑자기 노래를 부르기 시작하다

sing on the spot 즉석으로 노래하다

hear and match notes 듣고 음표대로 부르다

frenetic 광란의 rattling 기운찬 ecstatic 도취된 exotic 이국풍의

lithe 유연한 avid 열렬한

dance the night away 밤새 춤을 추며 놀다

burn up the dance floor 미친 듯이 춤을 추다

be literally without any rhythm 리듬감이 전혀 없다

move to the music 음악에 맞춰 몸을 움직이다

dance to rap 랩 음악에 맞춰 춤을 추다

have all the moves 숙달되다 strutting 뽐내고 걷기

휴대폰/컴퓨터

휴대폰 024-1

lose one's mobile phone 휴대폰을 잃어버리다

💬 I lost my mobile phone and I feel really bad about it.

핸드폰을 잃어버려서 기분이 정말 안 좋아요.

one's phone is broken 휴대폰이 고장 나다

💬 My phone is broken, and I need to retrieve my text messages before getting it repaired.

핸드폰이 고장 나서 수리받기 전에 문자를 복구해야 해요.

buy a new phone 휴대폰을 새로 사다

💬 I feel like buying a new phone even though the current phone is still good.

현재 쓰는 전화기가 아직 잘 되는데도 새 전화기를 사고 싶어요.

the screen breaks 휴대폰 액정이 깨지다

💬 My phone fell and the screen broke.

전화기가 떨어져서 액정 화면이 깨졌어요.

Cf. break one's cell phone screen 휴대폰 액정을 깨트리다

one's phone contract ends[is expired]
휴대폰 약정이 끝나다

💬 My phone contract has ended but I still use the phone. It works well.

휴대폰 약정이 끝났지만 아직도 그 폰을 쓰고 있어요. 잘 돌아가거든요.

have had one's phone for + 숫자 + year(s) 휴대폰을 ~년째 쓰고 있다

💬 I have had my phone for over three years.
휴대폰을 3년 넘게 쓰고 있어요.

get the newest smartphone 최신 스마트폰을 갖다

💬 I'd like to get the newest smartphone.
최신 스마트폰을 갖고 싶어요.

take high resolution photos on
~으로 고해상도 사진을 찍다

💬 I'd like to know how to take high resolution photos on iPhone 15.
아이폰 15로 고해상도 사진을 찍는 법을 알고 싶어요.

💬 My phone is equipped with a great high-resolution camera so I can take quality photos.
제 핸드폰은 고해상도 카메라가 장착되어 있어서 우수한 품질의 사진들을 찍을 수 있어요.

take quality photos
우수한 품질의 사진을 찍다

be on one's phone at home 집에서 휴대폰만 보다

💬 I am on my phone at home almost the whole day.
전 집에서 거의 하루 종일 휴대폰만 봐요.

unlock the pattern/the screen 패턴/잠금 화면을 풀다

💬 Whenever I use my phone, I have to unlock the screen.
전화기를 쓸 때마다 잠금 화면을 풀어야 해요.

connect one's phone to 핸드폰을 ~과 연동하다

💬 I connected my phone to my laptop via Wi-Fi.
와이파이로 제 휴대폰을 제 노트북 컴퓨터와 연동했어요.

💬 I couldn't connect my phone to my car Bluetooth.
제 휴대폰을 제 차 블루투스와 연동하지 못했어요.

have unlimited data 무제한 데이터를 이용하게 하다

💬 My plan has unlimited mobile data.

제가 쓰는 요금제는 무제한 모바일 데이터를 이용하게 해 줘요.

in installments 할부로

💬 I am paying for my phone in installments.

전화기 값을 할부로 내고 있어요.

stolen 도난당한

locate
찾다

💬 My phone was stolen, so I used Google Find My Device to locate it using GPS.

전화기를 도난당해서 Google Find My Device를 이용해 GPS로 전화를 찾았어요.

live without ~ 없이 살다

💬 I always play with my mobile phone. It's like a drug; I feel like I can't live without it.

전 항상 휴대폰을 갖고 놀아요. 마약 같죠. 폰 없이는 살 수 없을 것 같아요.

talk on the phone 통화하다

💬 My boyfriend always talks on the phone while we are together, and it bothers me.

남자 친구는 우리가 같이 있을 때 항상 누군가와 통화를 하는데, 그것 때문에 짜증이 나요.

advanced feature 고급 기능

💬 I bought a Samsung Galaxy phone as it has a few advanced features.

몇 가지 고급 기능들이 있어서 삼성 갤럭시 전화기를 샀어요.

hook up to ~과 연결하다

💬 My car doesn't have a pre-installed GPS system, so I use my smartphone to hook up to my car.

제 차는 GPS 시스템이 내장되어 있지 않아서 제 스마트폰을 이용해서 자동차와 연결해요.

pre-installed
미리 설치된

get[be] hacked 해킹당하다

💬 I want to use mobile banking, but I'm worried about the security of my account. What if it gets hacked and my money is stolen?

모바일 뱅킹을 이용하고 싶기는 한데, 계좌 보안이 염려돼요.
계좌가 해킹돼서 돈을 도둑맞으면 어쩌죠?

be stolen
도난당하다

be addicted to ~에 중독되다

💬 I am addicted to phone games and spend hours playing them.

휴대폰 게임에 중독되어서 게임하느라 몇 시간씩 보내요.

take up space 공간을 차지하다

💬 I wonder why the games I deleted are still taking up space on my device.

지운 게임들이 왜 여전히 핸드폰 디바이스에 공간을 차지하고 있는 건지 모르겠어요.

delete
지우다

call waiting 통화 중 대기(다른 전화가 오면 표시가 되는 것)

💬 I use the call waiting service, which notifies me when another call is coming in while I am already on the phone.

통화 중에 다른 전화가 걸려 오면 알려 주는 통화 중 대기 서비스를 이용해요.

allow someone to take ...
~가 …을 가져가도록 허용하다

💬 Our company doesn't allow us to take a mobile phone with us in the office.

우리 회사는 사무실에 휴대폰을 가져가도록 허용하지 않아요.

컴퓨터

turn on a computer 컴퓨터를 켜다

↔ **turn off a computer** 컴퓨터를 끄다

💬 Surprisingly, I was able to turn on my computer even though I spilled water on it.

놀랍게도 제 컴퓨터에 물을 흘렸는데도 컴퓨터를 켤 수 있었어요.

💬 I turn off my computer before going to bed.

잠자리에 들기 전에는 컴퓨터를 꺼요.

boot up a computer 컴퓨터를 부팅하다

freeze
컴퓨터 화면이
정지되다

💬 My computer froze while I was in the process of booting it up.

컴퓨터가 부팅하는 동안 멈춰 버렸어요.

force a shutdown 강제로 끄다

💬 I held the power button to force a shutdown.

컴퓨터를 강제로 끄려고 전원 버튼을 꾸욱 누르고 있었어요.

get stuck
작동이 멈추다

💬 I had to force a shutdown and restarted the computer when it got stuck.

컴퓨터가 작동을 멈췄을 때 강제로 끄고 재시작을 해야 했어요.

crash 갑자기 고장 나다, 다운되다

💬 While I was scrolling through the Internet, my computer suddenly crashed.

인터넷을 뒤적이고 있는 동안, 컴퓨터가 갑자기 다운됐어요.

shut off 전원이 꺼지다

💬 My laptop keeps shutting off unexpectedly, and I'm not sure why.

제 노트북 컴퓨터가 예기치 않게 계속 전원이 꺼지는데 왜 그런지 모르겠어요.

slow down 속도가 느려지다

💬 After several updates, my computer slowed down, so I decided to delete a few temporary files.

업데이트를 몇 번 한 후에 제 컴퓨터 속도가 느려져서 임시 파일 몇 개를 지웠어요.

catch a virus 바이러스에 걸리다

💬 My computer caught a virus and unfortunately, I had no backup.

컴퓨터가 바이러스에 걸렸는데 불행히도 제가 백업해 놓은 게 없었어요.

upload 업로드하다 ↔ download 다운로드하다

💬 My computer freezes whenever I upload a file.

파일을 업로드할 때마다 제 컴퓨터가 멈춰요.

💬 I couldn't open a downloaded file on Telegram.

텔레그램에서 다운로드받은 파일을 열 수가 없었어요.

boost one's performance 성능을 높이다

💬 To boost my computer's performance, I removed unnecessary applications.

컴퓨터 성능을 높이려고 필요 없는 앱들을 지웠어요.

the flap (of one's laptop) (노트북 컴퓨터의) 덮개

💬 My laptop turns on automatically when I lift the flap.

제 노트북 컴퓨터는 덮개를 올리면 자동으로 켜져요.

double click the touchpad (마우스 기능을 하는) 터치패드를 두 번 클릭하다

💬 I double clicked the touchpad but the file didn't open.

터치패드를 두 번 클릭했지만 파일이 열리지 않았어요.

drop[pull]-down menu
드롭다운 메뉴(메뉴 제목이 표시된 것을 클릭하면 메뉴가 아래로 펼쳐지는 메뉴)

💬 I want to know how to insert a drop-down menu in spreadsheet files.

엑셀 파일에 드롭다운 메뉴를 어떻게 첨가하는지 알고 싶어요.

freeze (컴퓨터가) 작동을 멈추다

💬 My computer froze while I was recovering important data.

중요한 데이터를 복구하는 중에 컴퓨터가 작동을 멈췄어요.

delete a file 파일을 삭제하다

💬 My computer storage is to its maximum capacity so I deleted the files that take up the most space.

컴퓨터 저장 용량이 다 차서 가장 많은 공간을 차지하는 파일들을 지웠어요.

be recovered 복구되다

💬 My USB drive broke, but fortunately, the data could be recovered to some extent.

USB가 고장 났지만 다행히도 데이터가 어느 정도는 복구되었어요.

secure and cost-efficient 안전하고 비용 효율적인

💬 I use the cloud storage service to save my files and data because it is secure and cost-efficient.

전 클라우드 저장 서비스를 이용해서 파일들과 데이터들을 보관하는데, 안전하고 비용 효율적이에요.

scroll down
(두루마리를 펴서 읽어 가듯) 아래로 천천히 움직이다, 스크롤하다

💬 When I scrolled down to read an article, it was nearly impossible to do so because of the excessive ads.

기사를 하나 읽으려고 아래로 스크롤할 때 과도한 광고들 때문에 거의 읽을 수가 없었어요.

휴대폰

download apps 앱들을 다운로드하다　access Facebook 페이스북에 접속하다

not allowed to take photos 사진을 찍도록 허용되지 않는　answer 전화를 받다

The line is busy. 통화 중이야.　take a call 전화를 받다　hang up (전화를) 끊다

pick up (유선 전화기의) 전화기를 들어서 받다

return a call 나중에 응답 전화를 걸다(= call back)

save one's phone number ~의 전화번호를 저장하다

join networks 네트워크에 연결하다

selfie-mad 셀카에 빠진　missed calls 부재중 전화

컴퓨터

RAM (= Random Access Memory) 임의기억장치

CPU (= Central Processing Unit) 중앙처리장치

hardware 하드웨어　software 소프트웨어　hyperlink 하이퍼링크

cursor (컴퓨터 화면의) 커서　scroll bar 스크롤바

mouse pointer 마우스 포인터(마우스를 움직일 때 화면에 나타나는 화살표 모양의 표시)

number cruncher 복잡한 계산을 하는 대형 컴퓨터

컴퓨터 작동

click on ~을 클릭하다　shut down (기계가) 멈추다, 정지하다

maintain the server 서버를 관리하다

hack into a network 네트워크에 해킹하다

press Enter 엔터키를 누르다　click and drag 클릭하고 끌다

hover one's cursor 여러 이미지나 아이콘에 커서를 대 보다 (클릭하지는 않다)

disconnect 접속을 끊다

인터넷, SNS, 이메일

surf the web 웹을 검색하다　browse 인터넷을 돌아다니다

Internet Relay Chat 인터넷 대화방　pop up (광고 등이) 튀어나오다

google 구글 검색을 하다　hashtag 해시태그(특정 핵심어 앞에 # 기호를 붙이는 태그)

influencer (SNS에서 팔로워가 많아) 영향력이 있는 사람, 인플루언서

comment ghosting 소셜 미디어 등이 사용자의 댓글을 검열하여 잘 보이지 않게 하는 것

be blocked (SNS에서) 차단당하다　bounce back 이메일이 반송되다

junkmail 원치 않는 광고성 메일　recipient 수신자　attach a file 파일을 첨부하다

건강 상태/
운동/다이어트

025

(**건강 상태**) 025-1

in good health 건강한

💬 To stay in good health, I drink a glass of lukewarm water as soon as I get up.
건강을 유지하기 위해, 전 일어나자마자 미지근한 물을 한 잔 마셔요.

protruding potbelly 튀어나온 똥배

💬 I have a big protruding potbelly and I really want to get rid of it.
똥배가 많이 나왔는데 정말로 똥배 좀 없애고 싶어요.

as fit as a fiddle
컨디션이 매우 좋은,
건강한

be burnt out 지치다

💬 I am not burnt out and I am as fit as a fiddle.
전 지친 상태도 아니고 아주 건강해요.

have a high
fever
고열이 나다

catch the flu 독감에 걸리다

💬 It's been 10 days since I caught the flu, but I still have a high fever.
독감에 걸린 지 열흘이나 되었는데, 아직도 고열이 나요.

be susceptible to ~에 걸리기 쉽다, ~에 취약하다

💬 I am highly susceptible to the flu, so I get it every year whether I get a flu shot or not.
전 독감에 잘 걸려서 독감 주사를 맞건 안 맞건 매년 독감에 걸려요.

take ~ on a daily basis 매일 ~을 복용하다, 섭취하다

💬 I've taken multiple vitamins on a daily basis for more than a year, but I still feel tired.
1년 이상 매일 종합 비타민을 복용해 왔지만 여전히 피곤해요.

clean bill of health 아주 건강하다는 진단

💬 Just after my mom received a clean bill of health from her doctor, she was diagnosed with cancer.
엄마가 의사한테 건강이 아주 좋다는 진단을 받은 직후에, 암 판정을 받았어요.

(운동)

work out 운동하다

💬 My doctor told me to work out.
의사가 저한테 운동하라고 했어요.

💬 I have worked out for several months, but I have still gained a lot of weight.
몇 달 동안 운동을 했지만 살이 많이 쪘어요.

exercise regularly 꾸준히 운동하다

💬 I eat healthy and exercise regularly to stay strong.
전 건강을 유지하기 위해 건강하게 먹고 꾸준히 운동해요.

exercise + 숫자 + times a week 일주일에 ~번 운동하다

💬 I exercise three times a week.
전 일주일에 세 번 운동해요.

Cf. once: 한 번 twice: 두 번

not get enough exercise 운동 부족이다

💬 I don't get enough exercise, but I maintain a balanced diet.
운동 부족이긴 하지만 균형 잡힌 식단을 유지하고 있어요.

walk 10,000 steps a day 하루에 만 보씩 걷다

💬 I walk 10,000 steps, roughly 8.5 km, a day.
하루에 만 보, 즉 약 8.5km를 걸어요.

go to the gym 헬스장에 다니다

💬 Since I started going to the gym, I have been able to concentrate better on my studies.
헬스클럽에 다니기 시작한 이후로, 공부에 집중이 더 잘 돼요.

take personal training PT를 받다

💬 I have taken personal training, attending 2 sessions a week.
전 일주일에 두 번 나가면서 PT를 받고 있어요.

go jogging 조깅하러 나가다

💬 I go jogging routinely in the morning.
전 아침에 규칙적으로 조깅하러 나가요.

morning run 아침 달리기

💬 I prefer a morning run to an evening run.
저녁 달리기보다는 아침 달리기를 선호해요.

aerobic exercise 유산소 운동

💬 I do aerobic exercise such as jogging and running.
전 조깅과 달리기 같은 유산소 운동을 해요.

meditate 명상하다

💬 I meditate every day, but I've tried and quit many times.
매일 명상을 하는데 여러 번 시도했다가 중단했다가를 반복하고 있어요.

다이어트

lose weight successfully 다이어트에 성공하다

💬 To lose weight successfully, I have tried intermittent fasting.

다이어트에 성공하기 위해 간헐적 단식을 시도해 왔어요.

burn calories 칼로리를 소모하다

💬 I take the stairs instead of the elevator to burn calories.

칼로리를 소모하려고 엘리베이터 대신 계단을 이용해요.

skinny fat 마른 비만인

💬 I am skinny fat, and I've been lifting weights almost every day to burn fat.

마른 비만이라서 지방을 태우려고 거의 매일 근력 운동을 하고 있어요.

lift weights
근력 운동을 하다

on a diet 다이어트 중인

💬 To lose weight, I am on a low-carbohydrate, high-protein diet.

살을 빼려고, 저탄수화물 고단백 다이어트 중이에요.

184

건강 상태	athletic 몸이 탄탄한 robust 원기 왕성한 alive and kicking 원기 왕성한
	be under the weather 컨디션이 안 좋다(약간의 감기 증세를 동반함)
	out of shape 건강이 안 좋은, 몸매가 엉망인
	have a spring in one's step 걸음걸이가 활기차다

감기/독감	have a frog in one's throat 목이 잠기다 have swollen tonsils 편도선이 붓다
	have a sore throat 목이 따끔거리고 아프다 catch[have] a cold 감기에 걸리다
	have a stuffy nose 코가 막히다 have a runny[running] nose 콧물이 줄줄 흐르다
	sinus infection 축농증 rhinitis 비염 thick sputum 끈끈한 가래(= phlegm)

기타 질병	fatty liver disease 지방간 hepatitis 간염 pneumonia 폐렴 enteritis 장염
	food poisoning 식중독 haemorrhoids 치질(= piles) athlete's foot 무좀
	frozen shoulders 오십견 bladder inflammation 방광염
	tinnitus 이명(= nonstop buzzing) pancreatitis 췌장염 appendicitis 맹장염
	get a canker sore 혓바늘이 돋다 get the runs 설사를 하다(= have diarrhea)
	have a cramp in one's leg 다리에 쥐가 나다 have stomach cramps 위경련이 나다
	have a sore stomach 위염이 있다(= have gastritis)
	selfie wrist 셀카 손목 터널 증후군(셀카를 많이 찍어 손목에 염증이 생긴 것)
	carpal tunnel syndrome 손목 터널 증후군 brain infarct 뇌경색(= infarction)
	vocal cord palsy[nodules] 성대 결절 uterine fibroids 자궁근종
	uterine polyps 자궁내막 용종 vaginal infection 질염 prostatitis 전립선염
	fractured 골절된 sprained 접질린 inflamed 염증이 생긴
	feel chilly 오한이 나다(= get shivers and chills) ache all over one's body 몸살에 걸리다
	break bone 뼈가 부러지다(= hit bone) tear a ligament 인대가 찢어지다
	have a muscle cramp 담 걸리다 be paralyzed 마비되다(= be numbed)

약 처방 및 복용	get a prescription 처방을 받다 pharmacy 약국(= drug store)
	fill one's prescription 처방대로 약을 주다 pill 알약
	swallow a pill whole (씹거나 부수지 않고) 알약을 통째로 삼키다
	powdered herbal medicine 가루 생약 capsule 캡슐제 tablet 알약
	dose 복용량 overdose 과다 복용 substance abuse 약물 남용

음식/식습관

026

음식) 026-1

like eating 먹는 걸 좋아하다

💬 I like eating, so I often find myself struggling with overeating.

먹는 걸 좋아해서 보면 종종 과식과의 싸움이죠.

Eating is one's pleasure in life. 먹는 게 낙이다.

💬 Eating is my only pleasure in life!

먹는 게 제 유일한 낙이에요!

work to eat 먹고살자고 일하다

💬 I work hard to eat right.

전 잘 먹고 살자고 열심히 일해요.

have a good palate 미각이 뛰어나다

💬 I have a good palate and I am a good cook.

전 미각이 뛰어나서 요리를 잘해요.

picky eater 입맛이 까다로운 사람

💬 When I was young, I was a picky eater; I made a fuss at mealtime and refused to eat certain foods.

어렸을 때는 입맛이 까다로웠어요. 식사 때마다 법석을 떨고 이떤 음식은 안 먹으려 했죠.

make a fuss
법석을 떨다

travel to seek out good food and restaurants
맛집을 찾아다니다

💬 I am a foodie who likes travelling to seek out good food and restaurants.

전 맛집 찾아다니는 것을 즐기는 식도락가예요.

like cooking 요리하는 걸 좋아하다

💬 I like cooking, so I like to try various cuisines at home.

요리하는 걸 좋아해서 집에서 다양한 요리를 해 보는 걸 좋아해요.

go-to dish 가장 자신 있게 만드는 요리

💬 My one go-to dish that I love to cook for myself is pasta.

저한테 해 주고 싶은 제 18번 요리 하나가 파스타예요.

mukbang video 먹방

💬 I often watch YouTube mukbang videos.

전 유튜브 먹방을 자주 봐요.

Cf. 외국인들에게 풀어 말할 때는 eating show라고 하기도 합니다.

subscribe to a cooking channel on YouTube
유튜브 요리 채널을 구독하다

💬 I subscribe to a cooking channel on YouTube to discover new recipes and cooking techniques.

새로운 요리법과 요리 기술을 찾으려고 유튜브 요리 채널을 구독하고 있어요.

like Thai dishes 태국 음식을 좋아하다

💬 I grew up eating Thai food, so I like Thai dishes.

태국 음식을 먹고 자라서 태국 음식을 좋아해요.

prefer pizza over pasta
파스타보다 피자를 더 좋아하다

💬 I personally prefer pizza over pasta because of its savory taste and crispy texture.

피자가 맛도 있고 바삭바삭한 식감이 있어서 개인적으로 파스타보다 좋아해요.

foodie 미식가로 음식에 해박한 사람

💬 My dad not only likes eating but also has lots of interest in food. He is a real foodie!

아빠는 먹는 걸 좋아할 뿐 아니라 음식에도 대단히 관심이 많아요. 진정한 미식가예요!

Cf. epicure 식도락가

gourmet restaurant 미식가들이 찾는 고급 식당

💬 I grabbed a bite at a food truck but the food was much better than what I've had at gourmet restaurants.

푸드 트럭에서 간단히 때웠는데 미식가들이 다니는 고급 식당에서 먹었던 것보다도 훨씬 더 맛있었어요.

deliver 배달하다

💬 On weekends, I usually rely on food delivery apps for my meals, as they provide freshly cooked dishes delivered to my door in less than 20 minutes.

주말에는 보통 음식 배달 앱으로 식사를 해결해요. 방금 만든 식사들이 20분 내에 문 앞에 배달되니까요.

to one's door
문 앞까지

> 식습관

crave food 식탐이 있다

💬 I crave food even when I am not hungry; I need to find a way to distract my brain from these urges.

배가 안 고파도 식탐은 있어요. 이런 욕구로부터 뇌가 다른 데 관심을 갖게 할 방법을 찾아야 해요.

Cf. food cravings 식탐

feel full 배가 부르다

💬 I can still manage to eat 7 plates of food at a buffet even though I feel so full.

배가 아주 불러도 뷔페에서 음식 7접시를 먹을 수 있어요.

low-carb, high-fat diet 저탄고지 다이어트

💬 I am following a low-carb, high-fat diet, consuming around 1,300 calories a day.

저탄고지 다이어트를 하면서 하루에 약 1,300칼로리 정도를 섭취하고 있어요.

carbohydrate
탄수화물

vegan 엄격한 채식주의자(= strict vegetarian)

💬 I am a vegan, but still have high cholesterol. It's possible that I consume an excessive amount of carbohydrates.

엄격한 채식주의자인데 여전히 콜레스테롤이 높아요.
아마도 탄수화물을 지나치게 많이 섭취하나 봐요.

repulse 구역질 나게 하다

💬 As a vegetarian, the very thought of eating meat repulses me.

비건인으로서 고기를 먹는다는 생각만 해도 구역질이 나요.

hyperlipidemia 고지혈증

reduce
줄이다

diet
식단, 음식

💬 My doctor has diagnosed me with hyperlipidemia and advised me to reduce cholesterol in my diet.

의사는 제가 고지혈증이 있다고 진단 내리고 식단 내 콜레스테롤 양을 줄여야 한다고 조언했어요.

intermittent fasting 간헐적 단식

skip
거르다

💬 I am practicing intermittent fasting by completely skipping breakfast.

전 아침을 완전히 거르면서 간헐적 단식을 하고 있어요.

cut down on ~을 줄이다

intake
섭취

💬 I used to drink a Café Mocha every morning, but to cut down on my sugar intake, I opt for a double espresso.

전에는 아침마다 카페 모카 한 잔을 마셨는데, 설탕 섭취량을 줄이려고 지금은 더블 에스프레소를 선택해요.

binge eat 폭식하다

💬 To cope with stress, I binge eat
almost every day, consuming about 6,000 calories.
스트레스를 풀려고 거의 매일 폭식을 해요. 6천 칼로리 정도를 소비하면서요.

binge on huge amounts of food
많은 양의 음식을 폭식하다

💬 I tend to binge on huge amounts of food and then
engage in compulsive exercise.
전 많은 양의 음식을 폭식한 후 강박적으로 운동하는 경향이 있어요.

compulsive
exercise
강박적으로 하는 운동

skip dinner 저녁을 건너뛰다

💬 I want to lose weight without doing exercising, so I've decided
to skip dinner.
운동하지 않고 살 빼고 싶어서 저녁은 건너뛰기로 했어요..

anorexia 거식증 ↔ bulimia 폭식증

💬 I suffer from anorexia and frequently skip meals as a result.
전 거식증을 앓아서 자주 식사를 건너뛰어요..

💬 I struggle with bulimia, and often end up vomiting after
eating.
폭식증으로 고생하는데, 종종 먹은 후에 결국 다 토하고 말아요.

end up -ing
결국 ~하고 말다

take laxatives 설사약을 먹다

💬 I want to lose weight, but I can't resort to taking
laxatives and diuretics to purge calories. It can be
dangerous.
살을 빼고 싶지만, 칼로리를 배출시키려고 설사약과 이뇨제에 의존할 수는
없어요. 위험할 수도 있잖아요.

diuretics
이뇨제

음식의 맛, 형태와 향	edible 먹을 수 있는 aromatic 향이 좋은(= smelling good) bitter 쓴 bland 싱거운 buttery 버터 맛이 나는 creamy 크림이 많이 든 sweet 단 sour 신 crumbly 쉽게 바스러지는 flaky 켜켜이 얇게 벗겨지는 spicy 매운 mellow 감미로운 pickled 피클로 담은 pungent 톡 쏘는 듯한, 날카로운 silky 부드럽고 진한 gourmet food 미식가 요리 savory 풍미가 좋은(= sapid) salty 짠 fishy 비린내가 나는 smell stale 상한 냄새가 나다(= smell off) full-bodied (와인의) 맛이 풍부한
요리	ethnic cuisine (나라별, 지역별) 전통 요리 aperitif 식전주 tartare 잘게 다신 육류에 양파 등을 섞은 요리 roux 루(버터와 밀가루를 섞어 만든 소스) left-over 남은 음식 appetizer 전채(= starter, antipasto) main dish 주요리 dessert 후식 plate 접시 banquet 연회, 만찬 buffet 뷔페
식당	bistro (편안한 분위기의) 작은 식당 café 카페 cafeteria 구내식당 restaurant 식당 sit-down restaurant 앉아서 먹는 식당 all-you-can-eat buffet 무제한 식당 regular customer 단골 손님 fully booked 예약이 꽉 찬 on the menu 메뉴에 있는 scroll through the menu tap 메뉴 버튼을 스크롤하다 bring outside food into a restaurant 식당에 외부 음식을 가지고 오다 grab a bite 간단히 요기하다 grab a seat 자리를 잡고 앉다 Here or to go? 여기서 드실 건가요, 가지고 가실 건가요? Bon Appetite! 맛있게 드세요! What is your today's special? 오늘의 특별요리가 뭐예요? Can I have a doggy bag, please? 남은 음식은 싸 주세요. Check[Bill], please! 계산서 주세요!
허기	be full 배가 부르다 one's stomach is growling 배가 꼬르륵거리다 The eye is bigger than the belly. 먹을 수 있는 것보다 더 많이 담아 왔네. badly hungry 몹시 배고픈(= famished) eat like a bird 아주 조금 먹다 eat like a horse 아주 많이 먹다

027

반려동물

 개 027-1

keep a dog/puppy 개/강아지를 키우다

💬 I am keeping a dog and a cat in the same room.
전 개와 고양이를 같은 방에서 키우고 있어요.

have raised[kept] a dog/cat 개/고양이를 키워 오다

💬 I have raised[kept] my dog for several years.
몇 년간 개를 키우고 있어요.

Cf. raise는 돌봐주고 기르는 것에 포커스, keep은 키워 온 기간에 포커스를 주는 차이

develop an allergy to dog fur 개털 알레르기가 생기다

💬 I am starting to develop an allergy to my dog's fur.
전 우리 집 개털에 알레르기가 생기기 시작하고 있어요.

adopt 입양하다

💬 I recently adopted a three-year-old female Maltese.
최근에 세 살 된 말티즈 암컷을 입양했어요.

💬 I'm interested in adopting a dog from a veterinary clinic that houses many abandoned dogs.
유기견들을 많이 보호하는 동물병원에서 개를 한 마리 입양하고 싶어요.

veterinary clinic
동물병원

be + 숫자 + years old ~살이다

💬 My dog is nearly three years old and fully housebroken.
우리 개는 거의 세 살이고 대소변을 완전히 가려요.

housebroken
개, 고양이 등이
배변 훈련이 된

roll (around) onto one's back 등으로 구르다

💬 My dog often rolls onto his back and exposes his belly to me.

우리 개는 종종 등으로 구르며 저한테 배를 보여 줘요.

greet 반겨 주다

💬 My dog always greets me enthusiastically whenever I come home from work.

우리 개는 제가 퇴근할 때마다 항상 아주 열정적으로 반겨 줘요.

protective of ~을 보호하는

lunge
달려들다, 돌진하다

💬 My dog is a bit too protective of me; she often growls or even lunges at people to keep them away.

우리 개는 좀 너무 지나칠 정도로 절 보호해요. 사람들을 으르렁거려서 쫓아 버리거나 심지어 쫓아 버리려고 달려들기까지 해요.

walk one's dog 개를 산책시키다

💬 When I walk my dog every other day, he sniffs around.

이틀에 한 번씩 개를 산책시킬 때, 우리 개는 여기저기 킁킁거려요.

take ~ out ~을 데리고 나가다

💬 I like walking in the rain, but since my dog doesn't, I donvt take her out when it's raining.

전 빗속을 걷는 걸 좋아하지만 우리 개는 싫어해서 비 올 때는 데리고 나가지 않아요.

discipline 훈련시키다

poop
똥을 싸다

💬 I discipline my dog to poop outside during our walks.

전 산책하는 동안에 밖에서 똥을 누게 개를 훈련시켜요.

be housebroken 대소변을 가리다

💬 My dog, who is housebroken, has suddenly started peeing on my mattress.

우리 개는 대소변을 가리는데 갑자기 제 매트리스에 소변을 보기 시작했어요.

drag away 끌어내다

💬 My dog keeps dragging his blanket away even when it's very cold.

우리 개는 날씨가 매우 추운데도 담요를 계속 밖으로 끌어내요.

off-leash 목줄을 매지 않은

💬 My dog tends to try to run away when he's off-leash.

우리 개는 목줄이 풀리면 도망가려고 해요.

pull on the leash 줄을 당기다

💬 I am currently training my dog to walk calmly by my side and not pull on the leash.

전 요즘 우리 개가 제 옆에서 조용히 걷고 줄을 잡아당기지 않도록 훈련시키고 있어요.

growl 으르렁거리다

💬 My dog growls if I try to touch his bowl while he is eating.

우리 개는 먹을 때 그릇을 만지려고 하면 으르렁대요.

bald patch 부문 탈모

💬 My dog has developed bald patches on his neck, and I'm concerned about it.

우리 개 목에 부분 탈모가 생겨서 걱정이에요.

spay 난소를 제거하다 **neuter** 중성화하다

💬 My female dog is spayed, but my male dog has not been neutered yet.

우리 개 암컷은 중성화가 됐는데, 수컷 개는 아직 중성화되지 않았어요.

bark (at) (~을 보고) 짖다

💬 My dog always barks at other dogs when we're out for walks.

우리 개는 산책 중에 다른 개들을 보고 늘 짖어요.

shed
털이 빠지다

💬 I want to raise a dog that doesn't bark much and shed much.

전 별로 짖지도 않고 털도 많이 안 빠지는 개를 키우고 싶어요.

lick 핥다

pet
쓰다듬다

💬 My dog licks my hand whenever I pet him.

우리 개는 제가 쓰다듬어 줄 때마다 손을 핥아요.

play dead 죽은 척하다

💬 I've trained my dog to play dead when I say 'bang'.

"빵" 하면 죽은 척을 하도록 개를 훈련시켰어요.

play fetch 물건을 던지며 가져오도록 하다

💬 My dog enjoys playing fetch, but she never drops the ball after retrieving it.

우리 개는 물건을 던지고 가져오는 걸 좋아하는데 공을 한 번 잡으면 절대 떨어뜨리지 않아요.

one's whole life 인생 전부

💬 My dog is not my whole life, but she is my best friend.

우리 개가 제 인생의 전부는 아니지만 제 베프예요.

high level of maintenance 관리가 어려움, 손이 많이 감

💬 I have a bulldog, and they require a high level of maintenance.

불독을 한 마리 키우는데 불독은 손이 많이 가는 종이에요.

keep a[one's] cat 고양이를 키우다

💬 I'm unable to keep my cat anymore due to my financial situations.
재정적인 상황 때문에 고양이를 더 이상 키울 수가 없어요.

give comfort to ~에게 위안을 주다

💬 My cat gives so much comfort to me.
우리 고양이는 제게 많은 위안을 줘요.

purr 가르랑거리다

💬 My cat always purrs when I scratch his back.
우리 고양이는 등을 긁어 주면 언제나 가르랑거려요.

meow 야옹거리다

💬 Despite being well-groomed and well-fed, my cat always meows loudly.
우리 고양이는 털 손질이 잘 되어 있고 음식도 잘 먹는데, 늘 큰 소리로 야옹거려요.

well-groomed
손질이 잘된

well-fed
먹이 공급이 잘된

stray cat 길고양이

💬 I've been feeding a stray cat for a month, but yesterday, he suddenly attacked me.
길고양이에게 한 달 동안 먹이를 줘 왔는데 어제 갑자기 절 공격하더라고요.

infested in ~에 들끓는

💬 I found a lot of worms infested in my cat's tower so I got rid of them.
고양이 캣타워에 벌레들이 들끓는 것을 발견하고 제가 벌레들을 없앴어요.

vet 수의사(= veterinarian)

💬 My cat is suffering from alopecia so I took him to the vet.
우리 고양이가 탈모를 앓아서 수의사에게 데려갔어요.

limp 다리를 절룩거리다

💬 My cat has been limping, but unfortunately, I'm unable to afford a vet visit at the moment.
우리 고양이가 다리를 절룩거리는데 안타깝지만 지금 당장은 동물병원에 데려갈 여유가 없어요.

regurgitate 삼킨 음식을 토해 내다

💬 My cat keeps regurgitating her food.
우리 고양이는 삼킨 음식을 계속 도로 토해 내요.

Cf. 고양이의 행동들
knead 꾹꾹이를 하다 barf 토하다 hiss at ~를 보고 하악질을 하다

skittish 겁이 많은

💬 My cat is skittish around strangers.
우리 고양이는 낯선 사람들이 있으면 겁을 내요.

be abusive towards ~을 학대하다

💬 I can't forgive people who are abusive towards stray cats to the point of killing them.
길고양이를 학대해서 죽이기까지 하는 사람들을 도저히 용서할 수가 없어요.

모습과 동작들	furry 털이 북실북실한 fluffy 솜털 같은 adorable 사랑스러운
	cuddly 꼭 껴안고 싶은 eager-to-please 기분을 맞추려고 애쓰는
	frisky 기운찬, 놀고 싶어 하는 grumpy 성질이 나쁜
	kid-friendly 아이들에게 잘 대하는
	scruffy 꾀죄죄한 smelly 냄새가 심한 timid 소심한
	territorial 자기 영역을 지키려 하는 aggressive 공격적인
	hyper-vigilant on walks 산책할 때 경계가 무척 심한 zippy 동작이 매우 민첩한
	bite the leash 목줄을 물다 wag one's tail 꼬리를 흔들다
	fly out of nowhere 느닷없이 튀어나오다 flinch 움찔하다 bolt out 급히 도망치다
	mate 교배하다 jump up at ~에게 달려들다
그 외	breeding 번식 breed 품종 large breed 대형(견)종
	puppy 강아지 kitten 고양이
	balanced diet 영양을 고루 갖춘 음식들 canned food 통조림
	pet carrier 애완동물 운반장 stroller 유모차 muzzle 입마개

028

독서/
영화/연극 관람

독서 **028-1**

read books 독서하다

💬 My hobby is reading books, which I find both enjoyable and enriching.
전 취미가 독서인데, 재미있고 (삶의) 질을 높여 줘요.

💬 My goal is to read 50 books this year, and I am determined to stick to my resolution.
올해 책 50권 읽기가 목표이고, 제 결심을 지키려고 마음먹었어요.

rarely read 거의 읽지 않다

💬 I rarely read novels; I prefer non-fiction.
전 소설은 거의 안 읽어요. 논픽션이 더 좋아요.

huge fan of ~의 대단한 팬

💬 I am a huge fan of Yuval Harari's work.
전 유발 하라리의 엄청난 팬이에요.

move ~에게 감동을 주다

💬 The book that moved me the most is *The Stranger* by Camus.
제가 가장 감명 깊게 읽은 책은 까뮈의 〈이방인〉이에요.

read a self-help book 자기계발서를 읽다

currently
현재

💬 I am currently reading a self-help book.
현재 자기계발서를 읽고 있어요.

attend/participate in/join a book club
독서 모임에 다니다/참여하다/가입하다

💬 I participate in a book club, and we gather once a week to discuss our readings.

독서 모임에 참여하는데 일주일에 한 번 모여 읽은 것을 토론해요.

leave a review on ~에 서평을 남기다

💬 After finishing a book, I try to leave a review on Amazon.

책을 다 읽은 후에는 아마존에 서평을 남기려고 해요.

bookworm, bibliophile 독서광

💬 I used to be a bookworm but now I find myself endlessly scrolling up and down the screen of my mobile phone all day long.

예전에는 독서광이었지만 지금은 온종일 휴대폰 화면을 올렸다 내렸다만 해요.

skim through 대충 훑어보다

💬 I skim through a lot of books and read multiple books concurrently.

전 많은 책들을 대충 읽고 여러 책들을 동시에 읽기도 해요.

concurrently
동시에

skip 건너뛰다

💬 I tend to skip parts of a book I am not interested in, which makes it challenging for me to grasp the essence of the book.

책에서 관심이 없는 부분은 건너뛰는 경향이 있어서 제가 책의 요지를 이해하기가 힘들더라고요.

essence
요점

peruse 숙독하다

💬 I peruse several newspapers from around the globe every weekend.

전 주말마다 전 세계 여러 신문을 숙독해요.

reread books 책을 다시 읽다

💬 I reread books I've read before at least once a year.

적어도 일 년에 한 번은 전에 읽었던 책들을 다시 읽어요.

reading slump 독서 슬럼프

prolific
다작의

💬 I have been a prolific reader, but I am currently going through a reading slump. I really want to break out of it.

전 다독을 하는 사람이지만 현재는 독서 슬럼프를 겪고 있어요. 정말 빠져나오고 싶어요.

take a recommendation 추천을 받다

💬 I take recommendations from bookstore employees because there are so many books to choose from.

골라야 할 책들이 너무 많아서 전 서점 직원에게서 추천을 받아요.

well-read (책을 많이 읽어서) 박식한

💬 I am extremely well-read on topics of psychology and philosophy, having delved deeply into both fields.

심리학과 철학 두 분야를 깊게 캐서 이 두 주제에 대해
전 매우 박식해요.

영화/연극/드라마/뮤지컬

love action movies 액션 영화를 무지 좋아하다

💬 I love action movies and my favorites are *The Matrix* and *V for Vendetta*.

전 액션 영화를 무지 좋아하는데, 가장 좋아하는 액션 영화는 〈매트릭스〉와 〈브이 포 벤데타〉예요.

My favorite actor is ~ 가장 좋아하는 배우는 ~이다

💬 My favorite actors are Morgan Freeman and Leonardo DiCaprio.

가장 좋아하는 배우들은 모건 프리먼과 레오나르도 디카프리오예요.

enjoy watching ~을 재미있게 보다

💬 I really enjoyed watching *The Evil of Dracula*.
〈The Evil of Dracula〉를 정말 재미있게 봤어요.

subscribe to Netflix 넷플릭스를 구독하다

💬 I subscribe to Netflix, and I find it to be worth every penny.
넷플릭스를 구독하는데 그만큼 돈 낼 가치가 있어요.

movie[film] buff 영화광

💬 I am a movie buff and keep up with the latest releases.
영화광이라서 전 최근 개봉작은 다 봐요.

💬 I am a big film buff; I especially like romantic comedies.
전 엄청난 영화광인데 특히 로맨틱 코미디를 좋아해요.

Cf. theater buff 연극광

treat 특별한 선물, 특별한 것

💬 The movie wasn't exactly a treat for me.
그 영화가 제게는 그다지 특별하지 않았어요.

release 개봉하다

💬 *The Unbearable Lightness of Being* released in 1988 is an
adaption of Milan Kundra's novel of the same title.
1988년에 개봉된 〈참을 수 없는 존재의 가벼움〉은 같은 제목의 밀란 쿤데라의 소설을
각색한 거예요.

adaption
각색 작품

blockbuster 대흥행(작)

💬 Despite being a blockbuster, the movie received
numerous negative reviews from critics.
영화는 대흥행작이었지만 비평가들로부터 엄청나게 부정적인 평을 받았어요.

critic
비평가

give ~ two thumbs up ~을 강추하다

💬 I personally give the movie "Gladiator" two thumbs up.
개인적으로 영화 〈글래디에이터〉를 강추해요.

favorite 가장 좋아하는

💬 *Notre Dame de Paris* is my favorite French musical of all time!

〈노르트담 드 파리〉는 제가 가장 좋아하는 프랑스 뮤지컬이에요!

surpass
능가하다, 뛰어넘다

hit 히트작

💬 *The Squid Game* has become Netflix's biggest hit, surpassing all previous ratings records on the platform.

〈오징어 게임〉은 넷플릭스 최고 히트작으로, 넷플릭스의 모든 이전 시청률 기록을 뛰어넘었어요.

move someone to tears 감동시켜 눈물을 흘리게 하다

💬 I rarely cry at movies or TV dramas but *Dunkirk* moved me to tears.

전 영화나 TV 드라마를 보고 거의 울지 않는데, 〈덩케르크〉를 보고는 눈물을 흘렸어요.

couch potato
소파에 누워 TV만
보는 사람

binge-watch (드라마 등을) 몰아서 보다

💬 After losing my job, I found myself becoming a couch potato, binge-watching Netflix and indulging in unhealthy, greasy food.

실직하고서 전 소파에 누워 TV만 보는 사람이 되었죠. 넷플릭스를 몰아서 보고 건강에 안 좋은 기름진 음식만 먹으면서요.

Cf. binge worthy 몰아볼 만한

scene 장면
(*cf.* act 막)

during the intermission 막간에, 중간 휴식 시간에

💬 During the intermission, my friend and I refreshed ourselves and discussed the scenes we had just seen.

중간 휴식 시간에, 친구와 전 우리가 방금 본 장면들에 대해 얘기하며 기분 전환을 했어요.

unpredictable
예측 불가능한

thoroughly enjoy 대단히 즐기다

💬 The play was unpredictable so I thoroughly enjoyed every moment of it. There was never a dull moment.

연극이 예측 불가능해서 전 대단히 즐겁게 봤어요. 지루한 순간이 한 순간도 없었어요.

riveting 잠시도 눈을 뗄 수 없는

💬 *Avatar* was one of the most riveting films for me; it was definitely worth seeing in theaters.

제겐 〈아바타〉가 잠시도 눈을 뗄 수 없는 영화 중 하나였어요. 정말로 극장에서 볼 만했죠.

get immersed into ~에 몰입되다

💬 I got immersed into the play, but suddenly distracted by those who were chatting in the back row.

전 연극에 몰입했는데 뒷줄에 있는 사람들이 수다를 떨어서 갑자기 집중이 안 되더라고요.

distracted
집중이 안 되는

way too overrated 지나치게 과대평가된

💬 I went to a movie that had just been released, but it was boring. I think it was way too overrated.

막 개봉한 영화를 보러 갔는데 지루했어요. 영화가 너무 과대평가된 것 같아요.

묘사 표현

gripping 눈을 떼지 못하게 하는 suspenseful 서스펜스가 넘치는

action-packed 액션이 많은, 흥미진진한 breathtaking 손에 땀을 쥐게 하는

comforting 위로가 되는 healing 치유가 되는 dreary 따분한

elusive 이해하기 어려운 engaging 매료되게 만드는 cool 멋진

hilarious 아주 유쾌한 thought-provoking 생각에 잠기게 하는

well-received 반응이 좋은 entertaining 즐거움을 주는

first-rate 최고의 second-rate 그다지 훌륭하지 않은 third-rate 삼류인

misleading 오해의 소지가 있는 critically panned 혹평을 받은

bloody 피투성이의 graphic 불쾌한 장면들(성, 폭력)이 너무 상세한

predictable 예측 가능한 disappointing 실망스러운

gory 유혈과 폭력이 난무하는 gruesome 소름 끼치는 uproarious 배꼽을 잡게 하는

absorbing 몰입하게 하는 intriguing 아주 흥미로운 fascinating 매우 흥미진진한

creepy 오싹하게 하는 brutal 잔혹한 ordinary 평범한 just so so 그저 그런

highly charged 팽팽한 긴장감이 도는 inspiring 감흥을 주는

low-budget 저예산의 It sucks! 정말 형편없네!

작품

gross-out comedy 역겨운 수준의 저질 코미디

give someone a lasting impression ~에게 오래 가는 인상을 주다

evoke an indescribable emotion 설명할 수 없는 감정을 불러일으키다

have an impressive imagination 인상에 남을 정도의 상상력을 갖다

make a big budget film 예산을 많이 들인 영화를 만들다

keep someone riveted from start to finish 처음부터 끝까지 눈을 못 떼게 하다

win an Oscar award 오스카상을 받다

get an Academy Award nomination 아카데미상 후보로 지명되다

sweep the movie awards 영화 관련 상들을 휩쓸다

chronicle 연대순으로 기록하다

영화 관계자

director 감독 movie script 영화 각본 main character 주인공

heroine 여자 주인공 supporting role 조연 actor 배우 actress 여배우

patron 관객, 단골 고객 moronic characters 바보 같은 주인공들

formidable cast 어마어마한 출연자들 star-studded cast 화려한 출연진

미술/음악

029

미술관/작품 029-1

exhibition 전시회

💬 I went to an exhibition held at MoMA.

뉴욕 현대 미술관에서 열린 열린 전시회에 갔어요.

Cf. exhibit 전시하다

free entry 무료 입장

💬 I am surprised to find out the exhibitions here offer free entry; they are open to all.

이곳에서 전시회가 무료 입장이라는 것에 놀랐어요. 모두에게 개방되어 있다는 거잖아요.

visit art galleries 미술관에 가다

💬 I often visit a few art galleries when I have spare time.

전 시간이 나면 몇몇 미술관에 종종 가요.

💬 I definitely visit art galleries when I travel.

전 여행을 가면 미술관에 꼭 들러요.

definitely
확실히, 틀림없이

MoMA (= The Museum of Modern Art) 현대 미술관 (뉴욕 소재)

💬 I would love to visit MoMA if I ever get the chance to visit New York.

뉴욕을 방문할 기회가 생기면 현대 미술관(MoMA)에 가 보고 싶어요.

grow on A
(주어가) 점점
A의 마음에 들다

like the paintings of ~의 그림을 좋아하다

💬 I like the paintings of Pablo Picasso. Actually they grow on me more and more as I continue to explore his work.

전 파블로 피카소의 그림을 좋아해요. 사실 피카소의 작품을 계속 섭렵하면서 점점 더 좋아져요.

vibrant
강렬한

texture
질감

fall into ~에 빠져들다

💬 I like Van Gogh's *The Starry Night*. It is so vibrant in color and texture that everyone falls into its attractiveness.

반 고흐의 〈별이 빛나는 밤〉을 좋아해요. 색과 질감이 매우 강렬해서 모두가 그 매력에 빠져들지요.

be impressed by ~에 감명을 받다

💬 I am impressed by Paul Gauguin. He is known for his innovative use of color to convey emotion in his paintings.

전 폴 고갱에게 감명을 받았어요. 그는 혁신적인 색깔을 사용해 감정을 표현한 예술가로 알려져 있어요.

surrealist 초현실주의의

💬 I am a huge fan of surrealism, and Salvador Dali is one of my favorite surrealist artists.

전 초현실주의 미술의 엄청난 팬인데 살바도르 달리가 제가 좋아하는 초현실주의 화가 중 한 명이에요.

convey through one's art paintings
작품을 통해 전달하다

💬 I always try to understand the messages that artists convey through their art paintings.

전 늘 예술가들이 작품을 통해 전달하려는 메시지들을 이해하려고 해요.

like ballads 발라드를 좋아하다

💬 I like listening to all kinds of ballads.

전 모든 종류의 발라드 듣는 것을 좋아해요.

enjoy listening to jazz 재즈를 즐겨 듣다

💬 I have enjoyed listening to jazz, and I've managed to convert two of my friends into jazz fans as well.

(전부터) 재즈를 즐겨 듣고, 그뿐 아니라 제 친구 두 명을 재즈 팬으로 바꿔 놓았어요.

one's favorite singer 가장 좋아하는 가수

💬 My favorite singer is Taylor Swift, whose songs are catchy and soothing.

좋아하는 가수는 테일러 스위프트인데, 그 가수 노래는 기억하기 쉽고 마음을 달래 줘요.

fall for one's songs ~의 노래에 빠지다

💬 His husky voice has a charm that makes me fall for his songs.

그의 허스키한 목소리는 그 음악에 빠지게 하는 매력이 있어요.

resonate with ~의 마음에 와닿다, 공감되다

💬 The song 'Someone Like You' resonates with me so strongly that I feel as if it's written specifically for me.

〈Someone like you〉는 제 마음에 딱 와닿아요. 마치 저를 위해 쓰인 곡처럼 느껴져요.

work well 잘 먹히다, 효과가 있다

💬 Easy listening songs work well for me.

지한텐 이지 리스닝 곡들이 잘 먹혀요.

warm-up (음악에서의) 목풀기용 노래

💬 I use rock music as my warm-up playlist.

목풀기 용으로 전 록 음악을 불러요.

in the playlist 플레이리스트에 있는

💬 Spotify is playing random songs in my playlist.

(음악 스트리밍 서비스인) 스포티파이가 제 플레이리스트에 있는 곡들을 무작위로 틀고 있어요.

listen to music while working 일할 때 음악을 듣다

💬 I listen to music while working because it helps me feel less tired.

일할 때 음악을 듣는데, 피로를 덜어 주기 때문이에요.

hit someone hard ~에게 팍 꽂히다

💬 The lyrics and beat of most of his songs hit me hard.

그 사람이 부르는 노래 대부분의 가사와 박자가 제게 팍 꽂혔어요.

earworm 귓가에 계속 맴도는 곡조

💬 The earworm I can't seem to shake off is the line 'She's gone out of my life' from a song.

도저히 떨쳐낼 수 없이 제 귓가에 계속 맴도는 곡조 가사는 "She's gone out of my life(그녀가 내 인생에서 떠났어요)"예요.

refresh 생기를 되찾게 하다

express
표현하다

invoke
불러일으키다

💬 I think the purpose of music is not only to express and invoke emotions but to refresh our soul.

음악의 목적은 감정을 표현하고 불러일으키는 것뿐 아니라 우리 영혼이 생기를 되찾도록 하는 것인 것 같아요.

sonata 소나타

💬 *Moonlight Sonata* by Beethoven is my favorite piano sonata of all time.

베토벤의 〈월광 소나타〉는 모든 피아노 소나타 중 제가 가장 좋아하는 소나타예요.

overwhelming rush of emotions
감정이 벅차게 밀려듦

💬 I feel an overwhelming rush of emotions whenever I listen to music.

음악을 들을 때마다 벅찬 감정들이 밀려드는 게 느껴져요.

Chapter 5 내 인생의 낙

209

get goose bumps 소름이 돋다

💬 I get goose bumps when I listen to certain songs I am emotionally connected to.

저랑 감정적으로 연관이 있는 특정 노래들을 들으면 소름이 돋아요.

in one's ears 귀에 꽂고

💬 Sleeping with music playing in my ears has led to damage to my ear nerves.

음악을 귀에 꽂고 틀어놓은 채로 자서 귀 신경이 손상됐어요.

ear nerve
귀 신경

one's taste in music 음악에 대한 취향

💬 I developed my taste in music during my teenage years, but it has changed over time.

음악에 대한 취향은 십 대에 생겨났지만 시간이 흐르면서 변했어요.

shuffle through random playlists
무작위로 플레이리스트들을 뒤적이다

💬 I shuffle through random playlists depending on my mood.

기분에 따라 무작위로 플레이리스트들을 뒤적여요.

hum to oneself 혼자 노래를 흥얼흥얼대다

💬 I have a habit of unconsciously humming to myself while cooking.

요리하면서 무의식적으로 혼자 노래를 흥얼대는 버릇이 있어요.

have an ear for music 음악에 대한 감이 뛰어나다

💬 I don't have an ear for music but my sister does.

전 음악에 대한 감이 뛰어나지 않은데, 여동생은 뛰어나요.

미술관 방문

ritzy 화려한 superb 아주 훌륭한 fabulous 기막히게 좋은 aesthetic 심미적인

authentic 진품인 avant-garde 아방가르드적인, 전위적인 bold 대담한

colorful 색채가 풍부한 conceptualize 개념으로 완성하다 daring 모험적인

creative 창의적인 distinguished 남달리 빼어난 engrossing 마음을 사로잡는

expressive 표현력이 있는 instinctive 본능에 따른 intuitive 직관에 의한

sculptural 조각으로 된 hand-crafted 수공예의 sensual 관능적인

groundbreaking 신기원을 이룬 sublime 절묘한, 숭고한

visually illiterate 시각적으로 문맹인, 미술에 대해 전혀 모르는

monochromatic 단색의

abstract painting 추상화 still-life painting 정물화 self-portrait 초상화

watercolor painting 수채화 oil painting 유화 sculpture 조각

masterpiece 대작 master 대가

draw a picture with ~로 그림을 그리다

make a rough sketch 밑그림을 그리다

derive from one's impetuous drive ~의 충동적 욕구에서 끌어내다

express reality 현실을 표현하다 showcase 대중에게 공개하다, 전시하다

get public recognition 대중에게 인정을 받다

be sharp in observation 관찰력이 예리하다

make the most out of a visit to an art gallery
미술관 방문을 가장 효과적으로 활용하다

see one's impressive collection 감동적인 소장품들을 보다

emerge as a new way to ~할 새로운 방식으로 떠오르다

음악 감상

enigmatic 불가사의한 catchy 기억하기 쉬운 groovy 죽여주는

nostalgic 향수를 불러일으키는 heartfelt 마음에 와 닿는, 진심 어린

distinct 차별화된 moody 서글픈 기분을 주는 contemporary 현대의

soft 감미로운 melancholic 우울한 mediocre 썩 뛰어나지 않은

intricately structured 복잡하게 짜인 repetitive 반복적인 loud 야단스러운

lyrical 서정적인 alive and well 아직도 남아서 건재하여 dynamic 역동적인

unique 독특한 musically inclined 음악에 매료된

presto 매우 빠르게 allegro 빠르게 moderato 보통 빠르기로

andante 느리게(모데라토와 아다지오의 중간 속도)

larghetto 안단테보다 느리고 아다지오보다 빠르게

adagio 안단테보다 느리게 largo 아주 느리게

fast tempo 빠른 템포 slow tempo 느린 템포

indie music (= independent music) 인디 음악(소규모 자본으로 독자적으로 음반을 만들어 내는 것)

chill-out (신조어) 광란의 파티 후에 마음을 달래 주는 차분한 음악을 듣는 자리

bumping 옆 차에서 들릴 수 있을 정도로 차량 내 스피커를 크게 하여 음악을 트는 것

eargasm (신조어) 청각적 쾌감 sound trip 음악을 듣는 것

pop music 대중 음악 rock 'n' roll 록 음악 ballad 발라드

standout 아주 눈에 띄는 음악 get into pop music 팝 음악에 빠지다

bang one's head to music 음악에 맞춰 머리를 흔든다

come out (음반이) 발매되다 play by ear 악보 없이 연주하다

improvise 즉흥 연주하다 have musical talent 음악적 재능이 있다

barely appreciate music in other languages 다른 나라 음악은 거의 듣지 않다

030

Unit 8

소셜 미디어/
유튜브

소셜 미디어   030-1

have an Instagram account 인스타를 하다, 인스타 계정이 있다

💬 I have an Instagram account but haven't posted anything yet.
인스타그램 계정이 있지만 아직 아무것도 올리지 않았어요.

from public to private 전체 공개에서 비공개로

💬 I switched my Instagram account from public to private.
제 인스타그램 계정을 전체 공개에서 비공개로 바꿨어요.

upload photos on Facebook
페이스북에 사진을 업로드하다

💬 I don't upload my photos on Facebook.
전 페이스북에 사진을 올리지 않아요.

be addicted to Instagram Reels 인스타 릴스에 중독되다

💬 I am addicted to Instagram Reels and need to stop watching them.
인스타그램 릴스에 중독되었어요. 그만 봐야 해요.

browse Instagram posts 인스타 게시물들을 둘러보다

💬 I browse Instagram posts whenever possible.
시간이 날 때마다 인스타 게시물들을 둘러봐요.

not have social media accounts SNS를 안 하다

💬 I don't have any social media accounts.
전 SNS를 전혀 안 해요.

Chapter 5 내 인생의 낙

213

Instagram friend
인스타그램 친구, 인친

💬 I have more than 1,000 Instagram friends,
but I have never met most of them in person.
인친이 천 명이 넘지만 대부분은 직접 만난 적이 한 번도 없어요.

not have a Twitter account 트위터 계정이 없다

💬 I don't have a Twitter account, but I have a Facebook account.
트위터 계정은 없지만 페이스북 계정은 있어요.

delete one's account 탈퇴하다

💬 I permanently deleted my account, and everything
has been removed.
계정을 영구 탈퇴해서 모두 지워졌어요.

💬 I permanently deleted my Instagram account but
wish to restore it.
인스타그램 계정을 영구 삭제했는데 복구하고 싶어요.

permanently
영구적으로

restore
복구하다

deactivate 정지시키다, 비활성화하다

💬 I temporarily deactivated my account, but I want to reactivate
it now.
계정을 잠시 정지시켰는데 지금 다시 활성화시키고 싶어요.

finsta (인스타그램의) 부계정

💬 I created a finsta so that only a limited circle of friends
could access it.
제한된 친구들만 접속할 수 있게 부계정을 만들었어요.

Cf. rinsta (인스타그램의) 본계정

finsta
부계정
(= fake Instagram
account)

join 가입하다

💬 I am tired of receiving alerts whenever one of
my contacts joins Telegram.
저랑 연락하는 사람이 텔레그램에 가입할 때마다 경고 알림을 받는 데
지쳤어요.

214

be hacked 해킹당하다

💬 My Facebook account has been hacked, and I reported the incident.

제 페이스북 계정이 해킹당해서 사건을 신고했어요.

about + 숫자 + followers 팔로워가 약 ~명

💬 It took me about a year to reach about 500 followers.

500여 명의 팔로워 수에 이르기까지 1년이 걸렸어요.

anonymous
익명의

troll[malicious] comments 악플

💬 I don't respond to troll comments; I simply block the trolls.

전 악플에 대응하지 않아요. 그냥 악플러들을 차단해요.

leave a comment 댓글을 남기다

💬 Someone logged into my Facebook account and left an anonymous comment.

누군가가 제 페이스북 계정에 들어와서 익명으로 댓글을 남겼어요.

💬 My Facebook friend left an inappropriate comment on my post.

제 페이스북 친구가 제가 올린 게시물에 부적절한 댓글을 남겼어요.

offensive comments 불쾌한 댓글

💬 I usually don't react when I receive offensive comments on Instagram.

인스타그램에서 불쾌한 댓글을 받으면 전 보통 반응을 안 해요.

get a DM(= Direct Message) DM을 받다

💬 I got a DM from a stranger and I chose to ignore it.
모르는 사람에게 쪽지를 받았지만, 무시하기로 했어요.

track one's profile visits 방문 기록을 확인하다

💬 I am unable to track my profile visits on Facebook.
페이스북에서 제 계정의 방문 기록을 확인할 수가 없어요.

post ~ on Instagram 인스타그램에 ~을 올리다

💬 I couldn't rearrange the photos I posted on Instagram, so I reposted them.
인스타그램에 올린 사진들을 재배열할 수가 없어서 다시 올렸어요.

like a post '좋아요'를 누르다

💬 I accidentally liked a post but quickly unliked it afterwards.
어떤 게시물에 어쩌다 '좋아요'를 눌렀다가 잠시 후에 얼른 '좋아요'를 취소했어요.

likes, comments, subscriptions, and notifications!
좋댓구알(좋아요, 댓글, 구독, 알림 설정의 줄임말)

💬 Please like, comment, subscribe to my channel and hit the bell icon for new updates.
제 채널에 '좋아요'를 누르고, 댓글을 달고, 구독해 주시고, 새 게시물을 받고 싶으면 벨 표시를 누르세요.

be keen to 몹시 ~하고 싶다

💬 I am keen to learn about social media marketing and pursue it as a career.
소셜미디어 마케팅을 배워서 직업으로 삼고 싶어요.

visibility of products 상품의 가시성

💬 I am utilizing social media to increase the visibility of my products in the market.
시장에서 제 상품의 가시성을 높이기 위해 소셜 미디어를 활용하고 있어요.

utilize
활용하다

block 차단하다

💬 I want to check if someone has blocked me on Twitter.

트위터에서 누가 절 블로킹했는지 알아보고 싶어요.

유튜브

watch ~ on YouTube 유튜브에서 ~을 보다

💬 I do not want to watch videos on YouTube while eating.

식사하는 동안엔 유튜브 동영상을 보고 싶지 않아요.

YouTuber 유튜버

💬 I found out one of my friends has become a YouTuber and reached 1 million subscribers.

친구 중 하나가 유튜버가 되어서 백 만 구독자를 보유하고 있다는 걸 알게 되었어요.

YouTube shorts 유튜브 쇼츠

💬 My YouTube shorts are no longer receiving views.

제 유튜브 쇼츠를 더 이상 아무도 보지 않아요.

have one million subscribers 구독자가 100만이다

💬 I can't imagine what it is like to have one million subscribers.

백 만 구독자를 갖는 게 어떤 건지 상상이 안 돼요.

YouTube channels related to sports
스포츠 관련 유튜브 채널들

💬 I watch YouTube channels related to sports often.

전 스포츠 관련 유튜브 채널을 자주 봐요.

My favorite YouTube channel is ~ 가장 좋아하는 유튜브 채널은 ~이다

💬 My favorite Korean YouTube channel is Miracle TV, Battleground game channel.

가장 좋아하는 한국 유튜브 채널은 배틀그라운드 게임 채널인 미라클 TV예요.

run a channel on YouTube 유튜브 채널을 운영하다

💬 Someday I will run a cooking channel on YouTube.
언젠가 유튜브에 요리 채널을 운영할 거예요.

skip ad 광고 건너뛰기

💬 I always click on the "Skip Ad" button because all ads are annoying.
광고들이 다 성가셔서 전 언제나 '광고 건너뛰기' 버튼을 눌러요.

mindlessly 아무 생각 없이

💬 Sometimes I watch YouTube mindlessly to distract myself.
때론 머리를 식히려고 아무 생각 없이 유튜브를 봐요.

distract
주의를 딴 데로 돌리다

The algorithm figures out 알고리즘이 파악하다

(*알고리즘: 특정 자료를 토대로 연산하여 출력을 유도하는 규칙들)

💬 If I keep watching a channel on YouTube, the algorithm figures out that's the kind of content I like.
유튜브로 한 채널을 계속 보면, 알고리즘이 내가 그런 종류의 내용을 좋아하는구나라고 파악을 하죠.

click on an ad 광고를 클릭하다

💬 YouTube likes doesn't affect the amount of money I make but clicking on an ad and watching it does.
유튜브의 '좋아요'는 제가 버는 돈의 액수에 영향을 미치지 않지만 광고를 클릭해서 보는 것은 영향을 미쳐요.

get monetized 현금화되다

💬 My channel got monetized when I met the thresholds of 1,000 subscribers and 4,000 watch hours.
천 명의 구독자와 시청 시간 4천 시간 기준치를 충족시키자 제 채널이 수익 창출 채널이 되었어요.

SNS (= Social Network Service) 소셜 네트워크 서비스

platform 플랫폼(컴퓨터 시스템의 기반이 되는 운영 체제 등)

influencer (SNS 상에서) 팔로워 수가 많아 영향력이 있는 사람

wiki 위키(인터넷 사용자들이 내용을 편집할 수 있는 웹사이트)

widget 위젯(온라인상에서 웹 브라우저 없이 특정 기능들을 사용할 수 있는 프로그램)

tag 태그(정보 검색을 용이하게 하기 위해 부여하는 키워드)

snitch tagging 트위터에서 타인을 부정적인 주제에 태그(tag)하는 행위

hashtag 해시태그(트위터 같은 SNS에서 특정 단어에 대한 글이라는 것을 #로 표현하는 기능)

niche 틈새 시장 strategy 전략 share 공유하기

transparent 투명한, 흑막이 없는 not visible 보이지 않는

google 구글로 검색하다 tweet 트위터로 메시지를 전달하다 add as a friend 친구로 추가하다

post 글·그림 등을 올리다 hide 숨기다 delete 삭제하다 comment 댓글을 달다

unfriend 친구 명단에서 삭제하다 make private 나만 볼 수 있게 하다 unfollow 팔로우를 끊다

get blocked 차단당하다 post reactions (감정적) 반응을 싣다('좋아요', '하하' 같은)

increase traffic (콘텐츠 공유가 타겟 광고 등으로) 방문자가 더 많아지게 하다

promote 홍보하다 viral marketing 입소문을 통한 홍보

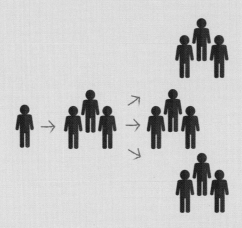

아이돌 스타들

031

아이돌 팬 031-1

a big fan of ~의 열혈 팬

💬 I am a big fan of BTS, and I spend a lot of time dedicated to them.

전 BTS의 열혈 팬이라서 그들을 위해 많은 시간을 쓰고 있어요.

fandom 팬층

💬 The BTS fans are referred to as ARMY, which is the name of the BTS fandom.

BTS의 팬들은 ARMY라고 불리는데, BTS 팬덤의 명칭이에요.

be referred to as
~라고 일컬어지다

priority access to ~에 대한 우선순위

💬 To gain priority access to concert ticket sales, I had to buy an official fan club membership.

콘서트 티켓 판매 우선순위를 얻기 위해서 공식 팬클럽 회원권을 구매해야 했어요.

be sick and tired of ~에 진력이 나다

💬 I am sick and tired of the way K-pop fans sometimes treat idols as if they are mere baby dolls.

전 K팝 팬들이 가끔 아이돌을 아기 인형처럼 대하는 것에 진력이 나요.

아이돌

idol (star) 아이돌 (스타)

💬 I aspire to be a K-pop idol; I always imagine all the fans cheering for me.

전 K팝 아이돌이 되고 싶어요. 모든 팬들이 저를 응원하는 걸 늘 상상하죠.

celebrity 유명 인사, 연예인

💬 I think there are numerous drawbacks to becoming an Internet celebrity.

인터넷 상에서 유명인이 되는 것은 많은 단점이 있는 것 같아요.

look stunning 굉장히 멋져 보이다

💬 Blackpink Jisoo looks stunning even without makeup.

블랙핑크 지수는 화장하지 않아도 아주 멋져 보여요.

be criticized 비난받다

💬 I've heard that many K-pop artists used to be heavily criticized for dating.

예전엔 많은 K팝 예술가들이 누군가와 연애를 한다는 이유로 심한 비난을 받았다고 들었어요.

respect one's privacy 사생활을 존중하다

💬 We all need to respect celebrities' privacy.

우리 모두 유명인의 사생활을 존중해야 해요.

born to be an idol 모태 아이돌인

💬 I don't believe anyone is born to be an idol.

전 모태 아이돌이란 없다고 생각해요.

crave fame 인기에 굶주리다

💬 I agree that some idols crave fame.

일부 아이돌들이 인기에 굶주렸다는 말에 전 동의해요.

debut through the big 3 K-pop companies

K팝 대형 3사를 통해 데뷔하다

💬 Everyone here knows that if someone debuts through the big 3 K-pop companies, they will succeed.

누군가 K팝 대형 3사를 통해 데뷔한다면 성공할 거라는 걸 여기 모두가 알아요.

one's contract expires ~의 계약이 만료되다

💬 I was shocked when the group disbanded after their contract expired.

그 그룹이 계약이 만료되자 해체되었다는 소식에 전 충격을 받았어요.

disband
해체하다

postpone one's enlistment 입영을 연기하다

💬 All men in Korea must serve the country, but many celebrities and idols tend to postpone their enlistment to continue their careers.

한국에서는 모든 남자들이 군복무를 해야 하지만, 많은 유명인과 아이돌은 일을 계속하려고 입영을 연기하는 경향이 있어요.

one's bias 최애

💬 I believe Jisoo is the best vocalist in Blackpink, so she is definitely my bias.

지수가 블랙핑크의 최고 보컬이라고 생각해요. 그래서 당연히 지수가 제 최애예요.

bias wrecker 차애(팀에서 두번째로 좋아하는 사람)

💬 My bias wrecker in EXO is Chen, purely on the basis of vocal ability.

오로지 목소리 면에서 보면 EXO의 내 차애는 첸이에요.

be fond of ~를 좋아하다

💬 I am both a Blink and an Army, but I am fonder of Blackpink.

블랙핑크 팬이자 BTS 팬이지만 블랙핑크를 좀 더 좋아해요.

Cf. grow fonder 더 좋아지다

steal the show 인기를 독차지하다

💬 I like G-Dragon a lot who always steals the show at any public place.

어떤 공공 장소에서든 늘 인기를 독차지하는 G-Dragon이 좋아요.

easy on the ear 듣기 좋은

💬 Mina's voice is easy on the ear.
미나의 목소리는 듣기 좋아요.

versatile 다양한, 다재다능한

💬 My favorite singer's voice is very versatile.
제가 좋아하는 가수는 목소리가 매우 다양해요.

express one's emotion 감정을 표현하다

💬 I like that singer because she knows how to immerse herself in the song and express her emotions.
전 그 가수가 노래에 몰입해서 감정을 표현하는 법을 알기 때문에 좋아해요.

vibrato 비브라토(음을 가늘게 떨며 노래하는 기법)

high-pitched
고음인

grating
거슬리는

💬 The singer has a beautiful vibrato, but her voice is too high-pitched and grating for my liking.
그 가수는 비브라토는 아름답지만 목소리가 너무 고음이고 거슬려서 좋아할 수가 없어요.

subdued 은은한

💬 I like the singer because his voice is low, subdued, and pleasant to listen to.
전 그의 목소리가 낮고, 은은하고, 듣기 즐거워서 그 가수를 좋아해요.

usher in an era of ~의 시대를 예고하다

💬 I heard that BTS has once again ushered in a new era of global K-pop with their new single 'Butter'.
BTS가 그들의 새 싱글 앨범 〈Butter〉로 글로벌 K팝의 새로운 시대를 다시 한번 예고했다고 들었어요.

a knack for ~에 대한 솜씨

💬 It seems to me that the group has a knack for catchy tunes and melodies that are easy to sing along to.
그 그룹은 따라 부르기 쉽고 기억하기 쉬운 곡조와 멜로디에 솜씨가 있는 것 같아요.

live performance 라이브 공연, 생방송

💬 I've been to live music performances many times.
전 음악 생방송에 여러 차례 가 본 적이 있어요.

do the fan-chant 팬들이 함께 소리 지르며 응원하다

💬 I was so excited during the concert that I sang along the entirety of the songs and even did the fan-chant.
전 공연 중에 너무 흥분하여 전체 곡들을 따라 부르고 팬들과 함께 소리 지르며 응원했어요.

> 기타

be invited to audition 오디션을 보라는 제안을 받다

💬 I was invited to audition for a movie role.
전 한 영화 배역에 오디션을 보라는 제안을 받았어요.

get casting offers/calls 캐스팅(섭외) 제안/전화를 받다

💬 I got casting offers from a few agencies.
전 몇몇 에이전시에서 섭외 제안을 받았어요.

be busy all the time 언제나 바쁘다

💬 I feel sorry for my sister; she is a singer who is busy all the time and gets almost no sleep.
제 동생이 안쓰러워요. 가수인데 항상 바쁘고 잠도 거의 못 자요.

trainee 연습생 perseverance 불굴의 인내 rookie 막 데뷔한 신인

one-hit wonder 히트곡이 하나뿐인 가수 heart-throb 수많은 여성들의 가슴을 두근거리게 하는 남자

stage persona 무대 위의 모습 comeback (오래 쉬었다가) 복귀

show stopper 박수 갈채를 받는 명연기(공연) grit 투지 bashful demeanor 수줍음 타는 태도

one's claim to fame ~가 유명해진 이유 national tour 전국 투어 flamboyance 화려함

busker 길거리 공연자 unassuming demeanor 잘난 체하지 않는 겸손한 태도 runner-up 2위

hit-maker 히트곡이 많은 사람 rendition 음악(연주) 공연 choreography 안무

vocal run 음계의 신속한 변화 anti-fan 안티팬 The Korean Wave 한류(= hallyu)

star-studded 인기 배우들이 많이 출연하는 celebrated 유명한 gifted 재능 있는

hit-making 히트곡을 만드는 soft-spoken 부드러운 목소리의

raspy-voiced 쉰 듯한 탁한 목소리의 breathy 숨소리가 섞인

gorgeous 멋진 distinct 독특한 soothing 위로가 되는 unstable 불안정한

impressive 인상 깊은 irresistibly sweet 견딜 수 없이 달콤한 genuine 진정한

talented 재능 있는 chart-topping 인기 순위에서 1위를 한

make debut 첫선을 보이다, 첫무대에 서다 entertain 즐겁게 하다 flaunt 과시하다

cross the line 정도를 넘다 be in the limelight 각광을 받다 release (앨범 등의) 발매, 발매하다

sing one's heart out 가슴이 터질 정도로 크게 노래하다 achieve stardom 스타 반열에 오르다

conjure (up) memories of ~을 생각나게 하다 croon 조용히 부드럽게 노래하다

hype the crowd 군중을 부추기다 get to practice enough 충분히 연습하게 되다

become a household name 잘 알려진 이름이 되다 be famous for ~로 유명하다

be notorious for ~으로 악명 높다 fall by the wayside 도중에 실패하다

bounce back from ~을 딛고 일어나다 get a swag vibe 자신만의 자신감을 보여주는 분위기가 있다

make the dance moves 안무를 짜다 have no legs 인기가 떨어지다(= lose popularity)

취미

032-1

My hobby is ~ 내 취미는 ~이다

💬 My hobby is cooking. I try new recipes whenever I have free time.

제 취미는 요리예요. 시간이 날 때마다 새로운 요리법을 시도해 봐요.

💬 My hobby is traveling. I like it because it connects me with new people and places.

제 취미는 여행이에요. 새로운 사람들과 장소로 연결해 줘서 여행을 좋아해요.

start writing as a hobby 취미로 글쓰기를 시작하다

💬 To start writing as a hobby, I joined a writing group.

취미로 글쓰기를 시작하려고, 글쓰기 모임에 가입했어요.

lose interest in activities I used to enjoy
예전에 즐기던 활동들에 흥미를 잃다

💬 I have lost interest in activities I used to enjoy since my dog died.

우리 개가 죽은 이후로 예전에 즐기던 활동들에 흥미를 잃었어요.

explore 탐험하다

💬 I have explored my interests to find hobbies.

취미를 찾으려고 제 관심사를 탐구해 봤어요.

cannot pursue them all simultaneously 모두 동시에 할 수 없다

💬 I have many hobbies but I can't pursue them all simultaneously.

전 취미가 많지만, 모두 동시에 할 수는 없어요.

226

jump from one hobby to another 한 취미에서 다른 취미로 옮겨 가다

💬 My problem is that I jump from one hobby to another.
저의 문제는 제가 취미를 계속 바꾼다는 거예요.

commit to mastering one hobby
하나의 취미를 숙달하는 데 전념하다

💬 I am not that kind of person who can commit to mastering one hobby.
전 한 가지 취미를 숙달하는 데 전념하는 그런 종류의 사람은 아니에요.

avocation 부업, 취미(격식체)

💬 My avocation is photography.
전 여가 활동으로 사진을 찍어요.

which hobby to start with 무슨 취미를 시작해야 할지

💬 I don't know which hobby to start with.
무슨 취미를 시작할지 모르겠어요.

not have any hobby at all 취미가 아예 없다

💬 In the end I don't have any hobby at all.
결국 전 아무 취미가 없어요.

stick to one interest 한 가지 관심사에 매달리다

💬 I cannot stick to one interest. I have multiple interests.
전 한 가지 관심사에 매달리지를 못해요. 여러 가지에 관심이 있거든요.

have a green thumb 식물을 잘 키우다

💬 I have a green thumb and I am growing a lot of indoor plants.
전 식물을 잘 키워서 실내용 식물들을 많이 키우고 있어요.

dabble in 장난 삼아(취미로) ~에 손을 대다

💬 I dabble in designing dog clothes from time to time.
전 취미로 가끔씩 강아지 옷을 디자인해요.

cool as a hobby but lame as a job
취미로는 멋지지만 직업으로는 변변찮은

💬 I think cooking is cool as a hobby but lame as a job
due to the fairly low pay.
요리가 취미로는 좋지만 직업으로는 벌이가 상당히 낮아서 변변찮은 것 같아요.

lose interest in ~에 관심을 잃다
↔ develop an interest in ~에 관심이 생기다

💬 I have lost interest in my hobbies and have lost
passion for everything.
취미에 대한 관심도 없어졌고 모든 것에 대한 열정이 사라졌어요.

💬 I have recently developed an interest in
photography.
최근에 사진에 관심이 생겼어요.

passion for
~에 대한 열정

grow to love 좋아하게 되다

💬 I have taken a floral design class for a couple of months and
am growing to love it more with every passing day.
두어 달 동안 꽃꽂이 수업을 들었는데 매일 시간이 지날수록 더욱 더 좋아지기 시작했어요.

be new to ~이 처음이다

💬 I am new to golf and I really like it. I want to get
better fast.
골프가 처음인데 정말로 좋아해요. 빨리 더 잘하고 싶어요.

self-taught 독학한

💬 I go fishing often because my casting skills are good
even though I am self-taught.
독학을 했지만 낚시 기술이 좋아서 종종 낚시하러 가요.

get into ~에 빠지다

💬 I tend to get into a new hobby quickly and then get bored
with it after about two weeks.
전 새로운 취미에 쉽게 빠져들고 한 2주만 지나면 그것에 싫증을 내는 경향이 있어요.

취미 활동	take up a hobby 취미를 갖다 sign up for ~에 등록하다, ~을 신청하다
	join ~에 참여하다, 합류하다 turn up at ~에 얼굴을 내밀다
	back out of ~에서 탈퇴하다, 빠지다 quit -ing ~하는 것을 그만두다
	find out which hobby is more interesting 어떤 취미가 더 재미있는지 알아보다
	narrow down 범위를 좁히다 interest 관심을 갖게 하다
	skill 기술 choice paralysis 선택 장애 free time 여가 시간
	equipment 장비 routine 판에 박힌 틀

취미 종류	blogging 블로그에 글 올리기 gardening 정원 가꾸기 mountaineering 등반
	rock climbing 암벽 등반 glamping 글램핑 camping 캠핑
	horse riding 승마 golfing 골프 치기 surfing 서핑 swimming 수영
	yoga 요가 calligraphy 서예 doodling 낙서(뭔가 끼적거리기)
	drawing 그림 그리기 painting 그림 그려 색칠하기 photography 사진술
	pottery 도예 graphic design 그래픽 디자인 puppetry 인형극 전문 기술
	jewelry making 보석 세공 candle making 양초 만들기 origami 종이접기
	sewing 바느질 woodworking 목공 baking 제빵 cooking 요리
	brewing beer 맥주 양조 coffee roasting 커피 로스팅
	wine tasting 와인 시음 chess 체스 billiards 당구 foraging 수렵 채집
	birdwatching 조류 관찰 learning a language 언어 배우기
	home improvement 집 수리

I

CHAPTER 6

나의 감정과 생각

How I feel and think

ENGLISH

평소 습관/
좋아하는 것/
느끼는 것

033

평소 습관 033-1

habitually 습관적으로, 으레(= by force of habit)

💬 I watch TV habitually when I come back home.
집에 돌아오면 습관적으로 텔레비전을 봐요.

as usual 습관적으로, 늘 그렇듯이

💬 I skip breakfast as usual.
늘 그렇듯이 아침 식사를 걸러요.

SKIP BREAKFAST

sometimes 때로

💬 I sometimes stay up till 3 a.m.
때로는 새벽 3시까지 안 자고 있어요.

always, all the time 항상

💬 I always pray before going to bed.
전 잠들기 전에 항상 기도해요.

💬 I shake my legs all the time.
전 항상 다리를 떨어요.

become a habit 습관이 되다

💬 Nail biting became a habit to me.
손톱 물어뜯는 게 습관이 되었어요.

turn ~ into a habit ~을 습관으로 만들다

💬 Jogging for 30 minutes in the morning has been turned into a habit.
아침에 30분 조깅하는 게 습관이 되었어요.

232

fall into ~한 습관에 빠지다

💬 I keep falling into channel-surfing.
계속 채널을 여기저기 돌리는 습관에 빠져 있어요.

pick up a habit of ~하는 버릇을 들이다

💬 I picked up a habit of drinking alone.
혼자 술 마시는 버릇이 들었어요.

develop 형성하다, 생기다

💬 A habit is developed over time.
습관은 시간이 지나면서 형성되죠.

have a habit of ~하는 습관이 있다

💬 I have a habit of stuttering when nervous.
긴장하면 말을 더듬는 습관이 있어요.

have a bad habit of ~하는 나쁜 습관이 있다

OCD
(= obsessive
compulsive
disorder)
강박증

💬 I have a bad habit of washing my hands too much because of OCD.
전 강박증 때문에 손을 지나치게 많이 씻는 나쁜 습관이 있어요.

get into the habit of, make a habit of ~의 습관이 들다

💬 I got into the habit of drinking a glass of water as soon as I get up in the morning.
아침에 일어나자마자 물을 한 잔 마시는 습관이 들었어요.

💬 I got into the habit of drinking coffee while driving.
운전하는 동안 커피를 마시는 습관이 붙었어요.

break[kick] a bad habit 나쁜 습관을 버리다

💬 It has been really hard for me to break bad habits and make good habits.

나쁜 습관을 버리고 좋은 습관을 갖는 게 정말 힘들었어요.

listen to ~을 듣다

💬 I listen to jazz music every morning and then I feel more relaxed throughout the day.

아침마다 재즈 음악을 듣는데, 그러면 하루 종일 마음이 좀 더 편해요.

relaxed
마음이 편한

protrude one's lips 입을 삐쭉 내밀다

💬 I tend to protrude my lips when I'm focused on something.

뭔가에 집중하면 전 입을 삐쭉 내미는 성향이 있어요.

figure out 파악하다 get over 극복하다

💬 I am figuring out how to get over my bad habit of procrastination.

뒤로 미루는 나쁜 습관을 어떻게 극복할 수 있을지 알아내려 애쓰는 중이에요.

cluttered 어수선한 messy 지저분한

💬 When I see a cluttered or messy room, I literally start to clean it.

어수선하거나 지저분한 방을 보면, 전 말 그대로 청소를 시작해요.

feel the urge to ~하고픈 충동을 느끼다

💬 I feel the urge to pick my nose whenever I play a game.

게임을 할 때마다 코를 파고 싶은 충동을 느껴요.

pick one's nose
코를 파다

좋아하는 것

like ~ very much[a lot] ~을 아주 많이 좋아하다

💬 I like pizza very much.
피자를 아주 좋아해요.

💬 I like chocolate a lot.
초콜릿을 아주 좋아해요.

be interested in ~에 관심이 있다

💬 I am interested in science.
과학에 관심이 있어요.

be into ~에 빠져 있다

💬 I am into listening to music.
음악 듣는 데 빠져 있어요.

be curious about ~에 호기심이 있다

💬 I am curious about a lot of things.
전 많은 것에 호기심이 있어요.

have a sweet tooth 단것을 좋아하다

💬 I have a sweet tooth and can't go a day without chocolate.
단것을 좋아해서 초콜릿 없이는 하루도 버티지 못해요.

prefer A to B B보다 A를 더 좋아하다

💬 I personally prefer coffee to tea.
개인적으로 차보다 커피를 좋아해요.

enjoy walking 걷는 걸 즐기다

💬 I enjoy walking alone admiring the vibrant colors of nature.
자연의 선명한 색에 감탄하며 혼자 걷는 걸 좋아해요.

Chapter 6 나의 감정과 생각

235

This is the best ~ 주어 + have/has ever + 동사!
이건 …한 것 중 최고의 ~예요!

💬 This is the best food I have ever eaten!
이건 제가 먹어 본 것 중 최고의 음식이에요.

be passionate about ~을 열렬히 좋아하다

💬 I am passionate about mathematics and I want to be a math teacher.
수학을 대단히 좋아해서 수학 선생님이 되고 싶어요.

be hooked on ~에 푹 빠지다

💬 I am hooked on computer games so it is hard for me to resist.
컴퓨터 게임에 푹 빠져서 거부하기가 힘들어요.

be fond of ~을 좋아하다

💬 I am fond of reading self-help books but not into novels.
자기 계발서 읽는 건 좋아하지만 소설은 좋아하지 않아요.

favorite 좋아하는

💬 Vancouver is my favorite city to visit because it isn't as cold as Toronto.
밴쿠버가 토론토만큼 춥지 않아서 방문하기 좋아하는 도시예요.

as ~ as …
…만큼 ~한

be keen on ~을 몹시 좋아하다

💬 I am keen on trying something new and getting to know new people.
새로운 것을 시도하는 것과 새로운 사람들을 알게 되는 것을 몹시 좋아해요.

be crazy about ~을 대단히 좋아하다

💬 I am not a physicist but I am crazy about quantum mechanics.
물리학자는 아니지만 양자역학을 대단히 좋아해요.

(기분/느끼는 것)

feel good 기분이 좋다 ↔ **feel bad** 기분이 안 좋다

💬 I feel good when I get up in the morning.
아침에 일어나면 기분이 좋아요.

💬 I feel really bad when I leave my dogs at home.
개들을 집에 두고 올 때면 기분이 정말 안 좋아요.

feel strange 이상한 기분이 들다

💬 I feel strange whenever I wear makeup.
화장을 할 때마다 전 기분이 이상해요.

feel horrible 끔찍한 기분이 들다

💬 I felt horrible after watching the first act.
1막을 본 후에 끔찍한 기분이 들었어요.

feel comfortable 편안한 기분이 들다

💬 I feel comfortable sleeping on my left side.
전 왼쪽으로 자야 편해요.

feel small 초라한 기분이 들다

💬 My aunt always makes me feel small whenever I talk to her.
고모와 얘기할 때마다 고모는 늘 제가 초라한 기분이 들게 해요.

how I feel 내가 느끼는 바

💬 That's exactly how I feel.
그게 딱 제가 느끼는 바예요.

brilliant idea 멋진 생각

💬 That is a brilliant idea.
참 멋진 생각이네요.

I think ~ 난 ~라고 생각해요

💬 I think I am ready for a new challenge.
제가 새로운 도전을 할 준비가 된 것 같아요.

I don't think ~ 난 ~가 아니라고 생각해요

💬 I don't think I am ready for a relationship.
전 연애할 준비가 안 된 것 같아요.

I am afraid ~

(난 할 수 없다고) 생각해요 (afraid 뒤에 나오는 '~라는 부정적인 생각'이 들다)

💬 I am afraid I cannot make it.
제시간에 갈 수 없을 것 같아요.

💬 I am afraid that I won't be able to be admitted to Harvard.
하버드대에 입학할 수 없을 것 같아요.

feel like -ing ~하고 싶은 기분이 들다

💬 I feel like exploring a new hiking trail this weekend.
이번 주말에 새로운 하이킹 둘레길을 답사해 보고 싶은 기분이 들어요.

feel like 주어 + 동사 ~ 같은 기분이 들다

💬 I feel like studying for the exam will enhance my understanding of the subject.
시험 공부를 하면 그 과목을 더 잘 이해할 것 같은 기분이 들어요.

on cloud nine 너무나 행복한

💬 I often find myself losing control when I am on cloud nine.
너무 행복할 때엔 전 종종 자제력을 잃어요.

be not in the mood for + 명사 [to + 동사]
~할 기분이 아니다

💬 When I'm not in the mood to do anything, I end up sleeping all day.
아무것도 하고 싶은 기분이 아니면 전 온종일 자요.

be up for 기꺼이 ~하고 싶은 기분이 들다

💬 I am not a great runner, and it is a big challenge, but I'm definitely up for it.
잘 뛰지도 못하고 큰 도전이긴 하지만 기꺼이 하고 싶어요.

refresh oneself 기분 전환을 하다

💬 I have a cup of coffee after lunch to refresh myself.
점심 식사 후 기분 전환을 위해 커피를 한 잔 마셔요.

Cf. for a change 기분 전환으로

습관 관련 속담	creature of habit 습관의 노예
	Old habits die hard. 오래된 습관은 고치기 힘들다.
	Habit is second nature. 습관은 제2의 천성이다.

좋아하는 것	It's not my cup of tea. 내 취향은 아니야. (*cf.* one's cup of tea 좋아하는 것, 취향)
	grow on (주어가) 점점 좋아지기 시작하다　cherish 소중히 여기다
	fancy 원하다 (*cf.* Fancy a drink? 한잔할래요?)
	be anxious to ~하고 싶은 생각이 간절하다　be good for ~에게 좋다
	for one's liking ~ 취향에는　right up one's alley ~ 취향에 맞는

기분	walk on air 하늘을 나는 기분이다　on pins and needles 초조한(=nervous)
	chilled-out 기분이 아주 느긋한　be excited about ~에 대해 기분이 들뜨다
	have mixed feelings 하나의 사안에 여러 감정이 들다　look down 우울해 보이다
	take something seriously ~을 심각하게 받아들이다　in my opinion 내 의견은
	Couldn't be better! 더할 나위 없이 좋아요!　Things are great. (현재) 아주 좋아요.
	I've never been happier in my life. (내 인생에) 이보다 행복한 적은 없었어요.

생각	food for thought 깊이 생각할 거리　mull over ~을 곰곰이 생각하다
	A penny for your thoughts? 지금 무슨 생각해?
	be lost in thought 생각에 잠기다
	My brain is totally fried. 머리가 터질 것 같아.

034

싫어하는 것/
무서워하는 것/
후회하는 것

싫어하는 것 034-1

hate ~을 싫어하다

💬 One thing I hate the most is mice.
제가 가장 싫어하는 한 가지가 쥐예요.

💬 I really hate having to work for a living.
먹고살려고 일을 해야만 한다는 게 정말 싫어요.

not like ~ very much ~을 그다지 좋아하지 않다

💬 I don't like math very much.
수학을 그다지 좋아하지 않아요.

loathe ~을 몹시 싫어하다

💬 I used to loathe eating some vegetables, but not anymore.
예전에 몇몇 채소 먹는 걸 몹시 싫어했지만 지금은 안 그래요.

dislike one's job 직장을 싫어하다

💬 I dislike my job, but because of money, I can't quit. I feel completely trapped.
직장이 맘에 안 들지만 돈 때문에 그만둘 수가 없어요. 완전히 덫에 갇힌 기분이에요.

find ~ disgusting ~을 역겹다고 생각하다

💬 I find it disgusting when people litter in public spaces.
공공장소에서 사람들이 쓰레기를 버릴 때 역겹다는 생각이 들지요.

feel disgusted 혐오감이 들다

💬 After witnessing the rude behavior at the party, I feel utterly disgusted by his lack of manners.

파티에서 무례한 행동들을 보면 그 사람의 매너 없음에 혐오감이 들어요.

hate one's guts ~를 몹시 싫어하다

💬 I hate her guts because she is all about herself.

그녀가 자기밖에 몰라서 전 그녀를 몹시 싫어해요.

be all about
oneself
자기밖에 모르다

There's no love lost between
~ 사이에 감정이 안 좋다, 서로 증오하다

💬 We once loved each other, but now we are holding grudges against each other and there's no love lost between us.

우리가 한때는 서로 사랑했지만 지금은 서로 앙심을 품고 있어서 감정이 안 좋아요.

be reluctant to 마지못해 ~하다

💬 I am reluctant to speak up in meetings for fear of embarrassment.

당황할까 봐 두려워서 회의에서 (거리낌 없이) 제 의견을 말하는 게 꺼려져요.

abhor 경멸하다

💬 I abhor those who brag about themselves and scoff at whatever others do.

전 자신에 대해서는 떠벌리고 다른 사람들이 하는 일은 무조건 비웃는 사람들을 경멸해요.

brag about
~에 대해 떠벌리다

scoff at
~에 대해 비웃다

self-righteous 독선적인

💬 I don't like those who don't accept others' opinions—I mean, who are self-righteous and force their opinions on others.

전 타인의 의견을 받아들이지 않는 독선적이면서 자기 의견을 강요하는 사람들이 싫어요.

두려움

be terrified of ~을 두려워하다

💬 I'm terrified of mice. One day, I heard scratching in the wall and couldn't sleep at all.

전 쥐가 무서워요. 어느 날 벽 안에서 긁는 소리가 들렸고 전혀 잠을 잘 수가 없었어요.

be scared of, be scared (that) 주어 + 동사 ~이 무섭다

💬 I am scared of animals.

동물들이 무서워요.

💬 I am scared that I have cancer.

암에 걸렸을까 봐 무서워요.

후회

regret -ing, regret (that) 주어 + 동사 (과거에) ~한 것을 후회하다

💬 I regret saying yes.

그러겠다고 한 걸 후회하죠.

💬 I regret I bought a new phone.

핸드폰 새로 산 걸 후회해요.

regret not -ing ~하지 않은 것을 후회하다

💬 I regret not taking the opportunity to travel abroad when I had the chance.

기회가 있었을 때 해외로 여행 갈 기회를 잡지 않았던 것이 후회돼요.

should have p.p. ~했어야 했다(그런데 그렇게 하지 않아서 후회한다)

💬 I should have gotten in touch with my uncle sooner, but to my regret, I didn't.

삼촌에게 더 빨리 연락을 했어야 했는데 후회스럽게도 그러지 못했어요.

have second thoughts 다시 생각하니 아니다(후회되다)

💬 I bought my girlfriend a ring, and now I am having second thoughts about it.

여자 친구에게 반지를 사 줬는데 지금 다시 생각하니 후회돼요.

kick oneself 자책하다

💬 I am kicking myself for not investing into Google a few years ago.

몇 년 전에 구글에 투자하지 않은 것을 자책하고 있어요.

(불편한 상황)

drive someone crazy ~를 돌게 만들다

💬 Insomnia is driving me crazy; I may need psychiatric help.

불면증 때문에 돌아버리겠어요. 정신의학적으로 도움이 필요할지도 모르겠어요.

make someone feel uneasy ~의 마음을 불편하게 만들다

💬 When someone stares at me and continues to scrutinize me, it makes me feel uneasy.

누군가 절 응시하고 계속 훑어보면 마음이 불편해요.

stand 참다

💬 I can't stand being around kids; to me, they're annoying and demanding.

전 아이들이 옆에 있는 걸 못 참겠어요. 저는 애들이 성가시고 힘들어요.

annoying
성가신

demanding
(요구가 많아) 벅찬

overwhelmed 부담스러운

💬 I dislike being alone, yet when I'm with my friends, I often feel overwhelmed and I want to be alone again.

전 혼자인 게 싫어요. 하지만 친구들과 같이 있으면 부담스럽고 다시 혼자 있고 싶어요.

suck 형편없다, 엉망이다

💬 I'm feeling extremely depressed because everything in my life sucks!

제 인생의 모든 것이 엉망이라서 너무 우울해요!

depressed
우울한

get[have] butterflies in one's stomach 가슴이 벌렁거리다

💬 I always get butterflies in my stomach whenever I speak in front of others.

다른 사람들 앞에서 말을 할 때마다 가슴이 벌렁거려요.

make one's blood run cold 등골이 오싹해지게 하다

💬 When I am alone in the dark, the scenes from horror movies make my blood run cold.

어둠 속에서 혼자 있을 때 공포 영화 장면들을 보면 등골이 오싹해져요.

one's heart sinks 마음이 무너지다

💬 My heart sank when I heard the news that my grandma passed away.

할머니가 돌아가셨다는 소식을 들었을 때 마음이 무너졌어요.

payoff
대가

go against the grain 순리에 벗어나다

💬 I know if I go against the grain, there is a big payoff.

순리에 어긋나게 행동하면 큰 대가를 치러야 한다는 걸 알아요.

get even with ~에 앙갚음을 하다

💬 Would I feel better if I got even with anyone who betrayed me?

절 배신한 사람에게 앙갚음을 하면 기분이 나아질까요?

싫어하는 것

kick and scream 싫다고 발버둥치다 can't stand 참을 수 없다

fly in the face of ~을 따르지 않고 거스르다 bad blood 반목

a crying shame 심한 수치 with scornful eyes 경멸스러운 눈초리로

I don't really like having people over. 전 집에 사람들 초대하는 걸 싫어해요.

I hate people who feel entitled to me.
저에 대한 권리가 있다고 생각하는 사람들이 싫어요.

무서워하는 것

shudder in horror 무서워서 소름끼치다

tremble with fear 무서워서 떨다

get goose bumps[gooseflesh] 소름이 돋다

make one's hair stand on end 머리가 쭈뼛 서게 하다

spine-chilling 등골이 서늘한

후회

live to regret 후회하며 살다 feel remorse for ~에 대해 후회하다

grin on the other side of one's face 후회하다

Good grief! 맙소사! If only I had some money now 지금 돈이 조금 있으면 ~

regrettable outbursts of anger 후회스러운 분노의 폭발들

against one's will 본의 아니게 never again 두 번 다시 ~ 않는

with a heavy heart 참담한 심정으로

Don't cry over spilled milk. 엎질러진 물이다.

모욕감/불쾌감/
분노

035

모욕감/불쾌감

offend 기분을 상하게 하다

💬 I get easily offended.
전 쉽게 기분이 상해요.

💬 I got offended by the vulgarity of comments when I posted my photos on Facebook.
페이스북에 내 사진을 올렸을 때 상스러운 댓글들을 보고 기분이 상했어요.

feel insulted 모욕감을 느끼다

💬 I feel insulted when someone mistreats me.
누군가 저를 안 좋게 대할 때 모욕감을 느껴요.

💬 I feel insulted when my boyfriend consistently prefers eating out over the dishes I cook.
남자 친구가 제가 해 주는 요리보다 외식하는 걸 더 좋아하면 전 모욕감을 느끼죠.

feel awful 기분이 나쁘다

💬 I feel awful when my mom compares me to others.
엄마가 절 다른 사람과 비교하면 기분이 나빠요.

be criticized 비난받다

💬 When I am criticized in front of others, I become deeply upset.
다른 사람들 앞에서 비난받으면, 정말 화가 나요.

upset
화가 난

get on one's nerves ~의 신경을 거스르다

💬 My husband bought a new car without consulting me, and it's really getting on my nerves.

남편이 저한테 상의도 안 하고 새 차를 사서 신경에 거슬리고 있어요.

💬 One of the women I work with really gets on my nerves because she consistently ignores me.

ignore
무시하다

같이 일하는 여자 중 한 명이 저를 계속 무시해서 신경에 거슬려요.

give someone the cold shoulder ~를 쌀쌀맞게 대하다

💬 I feel hurt when people ignore me and give me the cold shoulder.

저는 사람들이 저를 무시하고 쌀쌀맞게 대할 때 상처를 받아요.

화/분노

get angry 화가 나다

💬 When I get angry, I try to distance myself from the person who caused my anger.

전 화가 나면 화나게 한 사람을 피하려고 해요.

get mad at oneself 자신에게 화가 나다

💬 I get mad at myself for making mistakes.

실수하는 것에 대해 제 자신에게 화가 나요.

be yelled at by ~가 (주어에게) 소리를 지르다

💬 One day, I was yelled at by a stranger for no reason.

어느 날 아무 이유도 없이 낯선 사람이 저한테 소리를 질렀어요.

push one's buttons 고의로 ~의 화를 돋우다

💬 My sister knows when to push my buttons.

제 여동생은 언제 제 화를 돋울 수 있는지 알아요.

call someone names ~에게 욕을 하다

💬 I used to call him names when I was angry with my brother.
예전에는 남동생한테 화가 나면 욕을 하기도 했어요(지금은 안 그래요).

get pissed off 열 받다

💬 I tend to be sensitive and get easily pissed off over trivial matters.
좀 예민한 편이라서 아무것도 아닌 일에 쉽게 열 받곤 해요.

💬 I get pissed off when I am bothered while I'm doing something.
뭔가 하는 데 방해를 받으면 전 화가 나요.

be upset about ~에 화가 나다

💬 I was upset about us not spending time together anymore.
우리가 더 이상 함께 시간을 보내지 않는 것에 전 화가 났어요.

go ballistic on ~에게 분통을 터뜨리다

💬 I went ballistic on the clerk for giving me the wrong item.
점원이 (원하는 것과) 다른 물건을 주어서 전 분통을 터뜨렸어요.

fly off the handle 몹시 화를 내다

uncontrollable
걷잡을 수 없는

provocation
도발, 자극

💬 I often fly off the handle in uncontrollable anger when things don't go my way.
제 맘대로 안 되면 전 종종 걷잡을 수 없는 분노로 몹시 화를 내요.

💬 I easily get stressed out and tend to fly off the handle at the slightest provocation.
전 쉽게 스트레스를 받고 극히 사소한 일들에도 화를 버럭 내요.

have explosive outbursts 욱하는 성질이 있다

💬 I can't control my emotions; I have a tendency to have explosive outbursts.
감정 통제가 안 돼요. 제가 욱하는 성질이 있거든요.

blow up, blow one's top 뚜껑이 열리다, 분통을 터뜨리다

💬 After I blew up at my friends, I felt incredibly remorseful.

친구들에게 분통을 터뜨리고 나서 저 너무 후회스러웠어요.

mood swings 오락가락하는 기분

💬 I can't handle my mom's mood swings; sometimes she laughs but other times starts crying.

엄마의 오락가락하는 기분을 어떻게 대해야 할지 모르겠어요. 어떨 땐 웃다가 어떨 땐 울기 시작하세요.

frustrated 좌절한

💬 I am deeply frustrated as no one listens to me.

아무도 제 얘기를 안 들어줘서 심히 좌절하고 있어요.

go off the deep end 극단으로 치우치다

💬 I will admit that I tend to go off the deep end often.

제가 종종 극단으로 치우치는 경향이 있다는 것을 인정할게요.

250

모욕감, 불쾌감	give someone the brush-off ~를 매몰차게 거절하다 cut someone to the quick 골수에 사무치게 하다 turn one's stomach 메스껍게 하다 make a blunder[mistake] 큰 실수를 하다 be sarcastic 빈정대다 touch someone on the raw 민감한 얘기를 끄집어내어 ~를 화나게 하다 touch home 약점을 건드리다(= hit on a sore spot) feel peevish 짜증이 나다 get the hump 기분이 언짢아지다 be[feel] offended 모욕감을 느끼다 shrug off 대수롭지 않게 여기다 brush aside 무시하다 sickening 구역질 나는 out of sorts 기분이 언짢은 ill-humored 심기가 불편한 a slap in the face 모욕적인 행위 cheap shot 비열한 플레이 sore subject 기분을 상하게 하는 화제
분노	get worked up over trivial matters 아무 일도 아닌 일에 열 받다 bristle at ~에 발끈하다 be mad at oneself 자기 자신에게 화가 나다 feel sore about ~에 대해 성을 내다 mad 화가 난 furious 몹시 화가 난 angry 화가 난 sore 감정이 상한 tetchy 걸핏하면 화를 내는 in a fit of temper 홧김에 fiery temperament 불 같은 성질 intermittent explosive disorder 간헐적 폭발성 장애

스트레스/
걱정/문제들

036

스트레스　036-1

stressed 스트레스 받는

💬 When I feel stressed, I meditate to calm anxiety-ridden thoughts.

전 스트레스를 받을 땐, 걱정 많은 생각들을 잠재우려고 명상을 해요.

anxiety-ridden
걱정 많은

be under stress 스트레스를 받다

💬 When I'm under stress, I find solace in listening to music.

스트레스를 받으면, 전 음악을 들으며 위안을 찾아요.

solace
위안, 위로

take a lot of stress 스트레스를 많이 받다

💬 I take a lot of stress related to my work.

전 일과 관련해서 스트레스를 많이 받아요.

feel[be] stressed at work 직장에서 스트레스를 받다

💬 I've been feeling extremely stressed at work, and I'm not sure how to cope with it.

직장에서 너무 스트레스를 받고 있는데, 어떻게 대처해야 할지 모르겠어요.

be overwhelmed by stress 스트레스에 짓눌리다

💬 When I am overwhelmed by stress, I simply go outside.

스트레스에 짓눌리면 전 그냥 밖으로 나가요.

relieve stress 스트레스를 풀다

💬 To relieve stress, I take a cold shower.
스트레스를 풀려고 전 찬물로 샤워를 해요.

stressed-out 스트레스로 지친

💬 When I'm stressed-out, I often find myself skipping meals.
스트레스로 지치면 전 식사를 거르는 편이에요.

alleviate stress 스트레스를 줄이다, 스트레스를 완화하다

💬 To alleviate stress, I go to the gym and work out.
스트레스를 완화하려고 헬스 클럽에 가서 운동을 해요.

live a stress-free life 스트레스 없는 삶을 살다

💬 To live a stress-free life, I spend a lot of time in nature.
스트레스 없는 삶을 살려고 전 많은 시간을 자연에서 지내요.

under the pressure of ~의 압박을 받으며

💬 I chose law as my major under the pressure of my demanding parents.
전 요구가 많은 부모님의 압박을 받아 법을 전공으로 선택했어요.

cope[deal] with stress 스트레스를 해결하다

💬 I go on a hike every weekend to help cope with stress.
스트레스 해결에 도움이 되게 매 주말마다 하이킹을 가요.

get burnt out 녹초가 되다

💬 When I get stressed, I get burnt out with severe insomnia.
전 스트레스를 받으면 심한 불면증으로 녹초가 돼요.

overwhelmed 벅찬

become
verbose
말이 많아지다

💬 When I feel overwhelmed, I tend to become verbose, almost like babbling.
중압감을 느끼면, 전 말이 많아져요. 거의 횡설수설하며 지껄이는 거죠.

worry so much 걱정이 많다

💬 When I worry so much, I experience stomach pain.
걱정을 많이 하면 전 위가 아파요.

be worried about ~에 대해 걱정하다

💬 I am constantly worried about my future.
제 미래에 대해 계속 걱정하고 있어요.

constantly
계속해서

extremely worried 지나치게 걱정하는

💬 I am constantly and extremely worried about everything. I'm beginning to wonder if I might suffer from generalized anxiety disorder.
전 계속해서 지나치게 만사를 걱정해요. 아무래도 범불안장애를 겪고 있는 건 아닌가 싶네요.

reach one's breaking point 한계점에 이르다

💬 I don't know if I can deal with this project. I feel like I'm reaching my breaking point.
이번 프로젝트를 해낼 수 있을지 모르겠어요. 한계점에 이른 것 같아요.

문제

have a problem -ing ~에 문제가 있다, 애를 먹다

💬 I have a problem dealing with unexpected changes in plans.
계획에 예상치 않은 변화가 생기면 그걸 처리하느라 애를 먹어요.

have ADD 주의력결핍증이 있다

💬 I have ADD (attention deficit disorder), so it's hard for me to pay attention to anything.
주의력결핍증이 있어서 전 뭔가에 집중하는 게 힘들어요.

be hard on ~에게 엄격하다

💬 I am too hard on myself and often strive for perfection.

전 제 자신에게 너무 엄격하고 뭐든 완벽하게 하려고 하지요.

procrastinate 지연시키다, 미루고 질질 끌다

💬 I am undisciplined and I have procrastinated throughout my entire life.

전 규율이 안 잡혀서 평생에 걸쳐 미루고 질질 끌며 살아왔어요.

get over 극복하다

💬 I don't know how to get over the fear of aging and death.

노화와 죽음에 대한 공포를 어떻게 극복해야 할지 모르겠어요.

dwell on ~을 곱씹다, ~에 사로잡혀 살다

💬 I am timid and I tend to dwell on past failures.

전 소심해서 과거의 실패를 곱씹어요.

move on with
one's life
떨쳐내고 살아가다

💬 I regret breaking up with my boyfriend. I am still dwelling on the past while he has moved on with his life.

남자 친구랑 헤어진 걸 후회해요 전 여전히 과거에 사로잡혀 사는데, 그 사람은 다 떨쳐내고 잘 살고 있어요.

get easily hurt 쉽게 상처를 받다

💬 I get easily hurt by what other people say about me.

전 다른 사람들이 저에 대해 말하는 것에 쉽게 상처받아요.

feel trapped by 덫에 갇히다

💬 I often feel trapped by the negative thoughts and struggle with overwhelming emotions.

전 종종 부정적인 생각들에 갇히고, 저를 짓누르는 감정에 힘들어해요.

get jittery 초조해지다

💬 I am a heavy coffee drinker, and when I consume too much caffeine, I get jittery.

전 커피를 엄청 많이 마시는데, 카페인을 과도하게 섭취하면 초조해져요.

feel bogged down with ~으로 인해 꼼짝할 수 없다

💬 I tend to get lost in my thoughts. I feel bogged down with too many thoughts.

전 생각에 빠져드는 경향이 있어요. 너무 많은 생각이 들어 꼼짝할 수가 없죠.

get lost in one's thought
생각에 빠지다

distracted 산만한

💬 I struggle to concentrate on anything and find myself easily distracted.

뭔가에 집중하려고 하는데 쉽게 산만해져요.

care about ~에게 관심을 보이다, 신경 써 주다

💬 I cry whenever someone cares about me or offers me comfort.

누군가 내게 관심을 보이거나 위로해 줄 때마다 전 울어요.

be poor at decision-making 결정을 잘 못하다

💬 I have incurred significant financial losses because I am poor at decision-making.

결정을 잘 못해서 제가 재정적 손실을 많이 초래했죠.

financial losses
재정적 손실

can't stop drinking coffee 커피를 끊을 수가 없다

💬 Even though I know coffee is a mild diuretic, I can't stop drinking it as if it were water.

커피가 약간의 이뇨제 역할을 한다는 걸 알기는 하지만, 커피를 물처럼 마시는 걸 끊을 수가 없어요.

lose one's train of thought 이야기하던 것이나 생각하던 것을 깜박 잊다

💬 Nowadays, I keep losing my train of thought while talking, and my mind just goes blank.

요즘 말하다가 무슨 말을 하려 했는지 계속 까먹어요. 그냥 머리가 하얘져요.

panic attacks 공황장애

💬 I have panic attacks when I'm in a movie theater, and I always struggle to calm myself down.

극장 안에 있으면 공황장애가 생겨요. 늘 저를 진정시키느라 애를 먹죠.

bite one's nails 손톱을 물어뜯다

💬 I wonder how I break the habit of biting my nails until they bleed.

피가 날 때까지 손톱을 물어뜯는 습관을 어떻게 없앨 수 있는지 모르겠어요.

hold one's pee 소변을 참다

full bladder
꽉 찬 방광

💬 I have a habit of holding my pee until I am about to pee myself with a full bladder.

방광이 꽉 차서 소변이 막 나오려고 할 때까지 소변을 참는 버릇이 있어요.

break up 헤어지다

tattoo
문신

💬 I got a tattoo of my girlfriend's name on my chest, but now that we've broken up, I don't know what to do.

가슴에 여자 친구 이름을 문신으로 새겼는데 우리는 헤어졌으니 전 어떻게 해야 할지 모르겠어요.

struggle with ~으로 씨름하다

💬 I have struggled with confidence issues and have constantly tried to hide my vulnerabilities.

전 자신감 문제로 씨름해 왔고 늘 제 약점을 숨기려고 해 왔어요.

vulnerabilities
약점들

strength 강점 weakness 약점

💬 I am very imaginative, which is both a strength and a weakness of mine simultaneously.

전 상상력이 매우 풍부한데, 그게 제 장점인 동시에 약점이에요.

drained 진이 빠진

💬 I don't know how to persevere, as I have been physically and mentally drained.

육체적으로나 정신적으로 진이 빠져서 어떻게 계속 견뎌낼지 모르겠어요.

physically
육체적으로

mentally
정신적으로

paranoid 피해망상적인, 편집증적인

💬 I am constantly paranoid about every little thing.

언제나 모든 사소한 일에 너무나 편집증적이에요.

회화 표현

Don't fuss over it. 그런 일로 속 태우지 말아요.

Leave it all behind. 그냥 잊어버리세요.

Don't brood over the past. 과거를 곱씹지 마세요.

What's bothering you? 무슨 문제야? (무슨 애 먹이는 일 있어?)

Don't worry about trifles. 사소한 문제들에 대해 걱정하지 마세요.

Every cloud has a silver lining. 괴로움이 있으면 즐거움도 있는 법이에요.

Think big, start small. 생각은 크게, 행동은 차근차근.

필수 표현

have trouble -ing ~하는 데 문제가 있다   pull a long face 우울한 얼굴을 하다

add more stress 스트레스를 가중하다   get cold feet 주눅이 들다

have sleepless nights 며칠 밤을 잠 못 이루다

bite one's head off 별일 아닌 일에 쏘아붙이다, 악다구니를 쓰다

forget about bad things 나쁜 일에 대해 잊다

blue 우울한   shit-faced 고주망태가 된

037

가능성/ 불가능성

가능성 037-1

it is possible for 사람 to 동사원형 ~가 …할 가능성이 있다

💬 It is possible for me to get hired.
제가 취직될 가능성이 있어요.

It is (highly) likely that 주어 + 동사 ~할 가능성이 (매우) 크다

💬 It is highly likely that I will move soon.
곧 이사할 가능성이 매우 커요.

💬 It is highly likely that I will get promoted.
제가 승진할 가능성이 아주 커요.

a fifty-fifty[an even] chance 반반의 가능성

💬 There is a fifty-fifty chance that I will pass the exam.
제가 시험에 합격할 가능성은 반반이에요.

maybe 아마도 (구어체)

💬 Maybe I should try harder.
아마 제가 노력을 더 해야 하나 봐요.

Cf. perhaps 아마도 (격식체)

There is a chance that 주어 + 동사
~할 가능성이 있다

💬 There is a chance that I may be able to get there in time.
제가 거기에 제 시간에 도착할 가능성이 있어요.

be in the running 이길 승산이 있다

💬 I went into the event with no expectations, but I heard that I was in the running for a medal.

아무 기대도 없이 대회에 참가했지만 제가 메달을 딸 승산이 있다고 들었어요.

a glimmer of hope 실낱같은 희망

💬 When I failed, the book gave me a glimmer of hope during a difficult time.

실패했을 때, 그 책은 어려운 시기의 제게 실낱같은 희망을 주었어요.

There's surely a way to 확실히 ~할 방법이 있다

make money
돈을 벌다

💬 There's surely a way to make money no matter where I live.

전 어디에 살든 확실히 돈을 벌 방법이 있어요.

grasp at straws 지푸라기라도 잡으려고 하다

💬 I sent over 100 resumes, hoping to grasp at straws.

지푸라기라도 잡으려는 심정으로 이력서를 100통 이상 보냈어요.

> 불가능성

It is impossible for 사람 to 동사원형 ~가 …하는 것이 불가능하다

💬 It is impossible for me to concentrate on anything.

전 어떤 것에도 집중할 수가 없어요.

It is unlikely that 주어 + 동사 ~할 가능성이 없다

💬 It is unlikely that I will visit here again.

제가 여기 다시 올 가능성은 없어요.

chances are slim, have a slim chance, not have a dog's chance 가능성이 희박하다

💬 I don't think I can get this job; my chances are very slim.

제가 이 일자리를 얻을 수 있다고 생각하지 않아요. 가능성이 아주 희박해요.

cannot make it 할 수 없다, 올 수 없다

💬 I sent an invitation card to Jeremy, but he said he couldn't make it.

제레미에게 초대장을 보냈는데 올 수 없다고 했어요.

have a long way to go 아직 갈 길이 멀다

💬 I have been studying video editing for about two months, but I think I still have a long way to go.

영상 편집을 2개월 정도 공부하고 있지만, 아직도 갈 길이 멀다고 생각해요.

long shot 성공할 가능성이 없는 시도

💬 I know that applying to Yale is kind of a long shot.

예일대에 지원하는 게 성공할 가능성이 없는 일이라는 건 나도 알고 있어요.

give up on ~을 포기하다

💬 I never give up on myself because I still have dreams, and I am worth it.

전 아직 꿈이 있고 가치가 있기 때문에 제 자신을 절대 포기하지 않아요.

be worth it
가치가 있다

be out of the question 가당찮다, 어림없다, 불가능하다

💬 I haven't gotten over the break-up yet, so meeting a new boyfriend is out of the question.

전 아직 이별을 극복하지 못해서 새 남자 친구를 만나는 건 불가능한 얘기예요.

262

가능성

there is likely to ~할 가능성이 있다

be bound to 틀림없이 ~할 것이다(= be sure to)

take one's chance 운에 맡기고 해 보다

have a fair chance 가능성이 농후하다

once in a blue moon 아주 간혹 가다가

Hang in there! 참고 견뎌봐요!

불가능성

Pigs might fly. 그런 일이 있으면 손에 장을 지진다.

When hell freezes over. 그런 일은 절대 일어나지 않아.

Don't hold your breath. 아예 기대 같은 건 하지도 말아라.

Don't even think about it. 꿈도 꾸지 마.

Over my dead body! 내 눈에 흙이 들어가기 전에는 안 돼!

I

나의 사상과 관념

My views and ideas

ENGLISH

038

종교관

038-1

(기독교) 038-1

Christian 기독교인

💬 I come from a Christian family, but I am not as religious as my parents.

전 기독교 가정 출신이지만 부모님만큼 신앙심이 깊지는 않아요.

Catholic 가톨릭 신자

💬 I am a Catholic, so I place as much faith in the Virgin Mary as I do in Jesus Christ.

가톨릭 신자라서 전 예수님만큼이나 성모 마리아도 믿어요.

place faith in ~을 믿다

be born into a religion, be born religious 모태 신앙이다

💬 I have converted from the religion I was born into.

전 모태 신앙에서 개종했어요.

be born and raised[brought up] religious 모태 신앙 안에서 자라다

💬 I was born and raised religious like most of my friends.

대부분의 제 친구들처럼 전 모태 신앙 안에서 자랐어요.

go to church 교회에 다니다

💬 I go to church every Sunday.

전 매주 일요일마다 교회에 가요.

have[attend] a service 예배를 드리다

💬 I attend Sunday services regularly.

전 정기적으로 일요일 예배를 드려요.

266

believe in God 신을 믿다

💬 I believe in God because I have experienced His presence.

전 하느님의 존재를 경험했기에 하느님을 믿어요.

baptismal[Christian] name 세례명

💬 My baptismal name is Lucia.

제 세례명은 루시아예요.

be baptized 세례를 받다

💬 I am a third-generation Catholic and was baptized when I was three.

전 3대째 가톨릭이고 3살 때 세례를 받았어요.

be confirmed 견진을 받다

💬 I was baptized as an infant and confirmed at 13.

전 유아 세례를 받았고 13세에 견진을 받았어요.

purgatory 연옥

cleanse
씻다, ~의 죄를
씻어 주다

💬 I have learned that purgatory is where we cleanse our remaining sins before going to heaven.

연옥은 천국에 가기 전에 남아 있는 죄를 씻어내는 곳이라고 배웠어요.

hell 지옥

constant
끊임없는

💬 When I was little, I lived in constant fear of going to hell.

어렸을 때는 지옥에 갈지도 모른다는 끊임없는 두려움 속에 살았어요.

pray 기도하다

💬 When I feel helpless and afraid, I pray to God for help.
무력하고 겁이 날 땐 하느님께 도와달라고 기도해요.

helpless
무력한

create 창조하다

💬 I wonder if humans are created by God or merely a product of evolution.
인간이 신이 창조한 것인지 단지 진화의 산물인 건지 궁금해요.

product
산물

evolution
진화

redeem 구원하다

💬 I believe God will redeem us from all our sins.
전 하느님이 우리를 우리 죄로부터 구원하실 거라 믿어요.

exist 존재하다

💬 Sometimes I ask myself, if God exists, why He lets good people suffer.
가끔씩 신이 존재한다면 왜 선한 사람들이 고통을 받게 놔두는지 제게 자문합니다.

Tips

♦ In the name of the Father, and of the Son, and of the Holy Spirit. Amen!
성부와 성자와 성령의 이름으로, 아멘!

♦ Hebrews 9:27 says "People are destined to die once and after that to face judgment."
히브리서 9장 27절에 "사람들은 한 번은 죽고 그 후에 심판을 받게 되어 있다."라고 적혀 있어요.

♦ If sinners are punished here on earth and again after death, it seems like it's against the prohibition against double jeopardy.
죄인들이 지상에서 처벌받고 죽은 후에 또 처벌받는다면, 일사부재리의 원칙(한 가지 죄에 대해 두 번 처벌받지 않는 원칙)에 위배되는 것 같네요.

♦ Based on the Bible, all human beings are born as sinners, so the premise of "good people" might be incorrect.
성경에 근거하여 보면, 모든 인간은 죄인으로 태어나므로 "선한 사람들"이란 명제가 틀린 걸지도 몰라요.

Buddhist 불교도, 불자

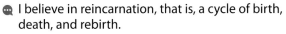 I was born and raised (as) a Buddhist.
불자로 태어나서 자랐죠.

go to temple 절에 다니다

I go to temple to ask Buddha for help.
부처님께 도움을 청하러 절에 다녀요.

karma 업보

have something
to do with
~와 연관이 있다

I think everything in life has something to do with karma, the principle of cause and effect.
제 생각에 인생의 만사는 인과의 원칙인 업보와 연관이 있는 것 같아요.

reincarnation, samsara 윤회

I believe in reincarnation, that is, a cycle of birth, death, and rebirth.
전 윤회, 즉, 탄생, 죽음, 그리고 재탄생의 사이클을 믿어요.

Tips

◆Buddha is a human being who has attained enlightenment.
부처님은 깨달음을 얻은 인간이죠.

◆In Buddhism, all that exists is impermanent; that is, all phenomena occur temporarily.
불교에서는 모든 존재하는 것은 영원하지 않아요. 즉, 모든 현상은 일시적으로 발생하는 거예요.

◆In Buddhism, emptiness means everything depends upon something else and nothing has substantial reality. What we perceive is not real and is empty.
불교에서, 공(空)은 모든 것은 다른 것에 의거한 것이며, 어떤 것도 실제적 실체가 없다는 거예요. 우리가 인식하는 것은 실제가 아니며 비어 있는 거지요.

spirit 영혼 ghost 귀신

💬 I think the spirits of the dead dwell among the living;
I believe in ghosts.

전 죽은 이들의 영혼이 산 사람들 사이에 퍼져 살고 있다고 생각해요. 귀신을 믿는 거죠.

religious fanatic 광신도

💬 I feel uncomfortable around religious fanatics.

광신도들이 주변에 있으면 마음이 편치 않아요.

feel
uncomfortable
마음이 불편하다

convert from A to B A에서 B로 개종하다

💬 I converted from Buddhism to Christianity.

불교에서 기독교로 개종했어요.

religious subjects 종교적 주제들

💬 We are not allowed to bring up any religious subjects
at the dinner table.

우리는 저녁 식사 때 종교에 대한 얘기는 끄집어낼 수 없어요.

spiritual 영적인 religious 종교를 믿는, 독실한

💬 I am spiritual but not religious.

전 영적인 삶을 추구하지만 종교를 믿지는 않아요.

atheist 무신론자

💬 I am an atheist, and my girlfriend is a Christian, but she is not
that devout.

전 무신론자이고, 여자 친구는 기독교도인데 그렇게 독실하지는 않아요.

devout
독실한

agnostic 불가지론자(신의 존재 유무를 모두 믿지 않는 자)

💬 I am neither an atheist nor a religious person, but I
am more like an agnostic; I don't believe in the
existence of God nor the nonexistence of God.

전 무신론자도 종교인도 아니고, 불가지론자에 더 가까워요. 신의 존재도
부재도 믿지 않으니까요.

existence
존재

nonexistence
존재하지 않음

hypocrisy 위선 hypocrite 위선자

💬 I hate the hypocrisy of some religious people;
some of them are total hypocrites.

전 일부 종교인들의 위선을 증오해요. 일부 종교인들은 완전한
위선자들이에요.

fortune-teller
점쟁이, 예언가

superstitious 미신을 믿는

💬 I am superstitious, so sometimes I visit a famous
fortune-teller to see what will happen.

전 미신을 믿어서 어떤 일이 일어날지 알아보려고 때론 유명한 점쟁이를
찾아가기도 해요.

shaman
무당

possessed 신이 내린

💬 I heard that shamans are different from fortune-tellers
in that they are possessed.

무당은 신내림을 받았다는 점에서 점쟁이와는 다르다고 들었어요.

그리스도교	come back 재림하다 exorcise 귀신을 내쫓다 be crucified 십자가에 못 박히다
	attend a service 예배(미사)를 드리다
	Satan 사탄 creed 종교적 교리 Protestant 신교도 Roman Catholic 구교도
	devotee 열성 신자 Lent 사순절 Easter 부활절
	the Resurrection 부활 redemption 구원
	Father 신부님 nun 수녀 minister 목사(= clergyman) priest 성직자
	cathedral 성당 church 교회 confession 고해성사 the Host 성체
	judgment 심판 one's cross to bear ~가 짊어질 십자가(일)
	Bible-basher, Bible-banger 지나치게 성경에 집착하는 사람
	God bless you! 신의 축복이 있기를! God rest his/her soul! 저승에서 편안하길!

불교	prayer 기도 pray 기도하다 pray to the Buddha 불공을 들이다
	reincarnate 환생하다 nirvana 열반 dharma 전 우주에 미치는 진리
	a Bodhisattva[Buddhist Saint] 보살 temple 절 monk 승려
	the rite for dead souls 제사 the deceased 죽은 이들

종교	theological 신학의 holy 신성한 get religion 갑자기 종교에 관심을 갖다

인생관

039-1

philosophy of life 인생 철학

💬 My philosophy of life is simple: Nothing is impossible.
제 인생 철학은 간단해요. 불가능은 없다.

in a nutshell
간단히 요약해서

💬 My philosophy of life is to respect others in a nutshell.
제 인생 철학은 간단히 말해서 다른 이들을 존중하는 거예요.

인생 철학 명언들

Live by your values. 네 가치관대로 살아라.

All is but opinion. 모든 것은 생각하기에 달려 있다.

This too shall pass. 이 또한 지나가리라.

Focus on being happy. 행복해지는 데 집중해라.

Find happiness in the little things. 소소한 것에서 행복을 찾아라.

Time is money. 시간은 금이다.

You only live once. 한 번만 사는 인생이다.

Earn less and spend less. 덜 벌고 덜 쓰자.

The way you live is the way you think. 사는 대로 생각하게 된다.

Life is not about speed but direction. 인생은 속도가 아니라 방향이다.

There's no such thing as a free lunch. 세상에 공짜는 없다.

Live a life of generosity. 베풀며 살자.

live by (신조 혹은 원칙에) 따라 살다

💬 I try to live by my philosophy of life.
제 인생관에 따라 살려고 노력하죠.

give an influence on ~에 영향을 미치다

💬 My life motto is to give a positive influence on others.

제 인생 좌우명은 타인에게 긍정적인 영향을 주는 것이에요.

go empty-handed 빈손으로 떠나다

💬 We come into this world with nothing, and we go empty-handed.

우리는 맨몸으로 세상에 와서 빈손으로 떠나는 거예요.

have compassion for ~를 측은하게 여기다

💬 I have genuine compassion for myself and others.

전 제 자신과 타인을 진심으로 측은하게 여겨요.

optimistic outlook 낙관적인 견해

💬 I have an optimistic outlook on life.

전 인생에 대해 낙관적인 견해를 지녔어요.

glass half-full type

물컵에 물이 반이나 차 있다고 생각하는 낙관적 사고 유형

💬 I always try to see the bright side of things; I am a glass half-full type of person.

언제나 사물의 밝은 면을 보려고 해요. 전 물컵에 물이 반이나 차 있다고 생각하는 사람이거든요.

Cf. glass half-empty type 물컵에 물이 반이나 비어 있다고 생각하는 비관적 사고 유형

humanity 인류애 altruist 이타주의자

💬 I still have hope in humanity, as most human beings are real altruists who are willing to sacrifice for the welfare of others.

전 인류애에 아직 희망을 품고 있어요. 대부분의 인간들은 타인의 안녕을 위해 기꺼이 희생할 마음이 있는 진정한 이타주의자들이니까요.

sacrifice
희생하다

welfare
안녕

decent
괜찮은

contribute to ~에 기여하다

💬 I want to become a decent human being and contribute to making the world a better place to live.

전 괜찮은 인간이 되어서 더 살기 좋은 세상을 만드는 데 기여하고 싶어요.

run a race 경주를 하다

💬 Life is like a race, as we are all running a race to satisfy our own desires.

인생은 경주와 같아요. 우리 모두 자신의 욕망을 충족시키기 위해 경주하고 있는 거니까요.

be oneself 자기 자신으로 살다

💬 I am not afraid of being myself, no matter what others say.

다른 사람들이 뭐라 하건 간에 나 자신으로 살아가는 걸 두려워하지 않아요.

reap 거두다 sow 씨를 뿌리다

💬 I think I will reap what I sow in the current life, not after death.

죽은 후가 아니라 현생에서 뿌린 대로 거둘 거라고 생각해요.

stick to 고수하다

principle
원칙

faith
신념

💬 I always try to stick to my moral principles and faith.

언제나 제 도덕적 원칙과 신념을 고수하려고 애써요.

prioritize ~ above everything else
~을 다른 무엇보다 우선시하다

💬 In my life, I prioritize health and happiness above everything else.

전 인생에서 건강과 행복을 그 무엇보다 우선시합니다.

put emphasis on ~에 중점을 두다

💬 I put emphasis on maintaining a well-balanced perspective in any situation.

전 어떤 상황이든 균형 잡힌 시각을 유지하는 데 중점을 둡니다.

keep (up) morale high 사기를 크게 진작시키려고 하다

💬 Whenever I face with a difficult situation,
I try to keep my morale high.
어려운 상황에 직면할 때마다, 전 사기를 크게 진작시키려고 노력해요.

philosophy 철학 outlook on life 인생관(= view of life) world view 세계관

generation 세대 way of life 생활 방식 high life 상류 생활

living standards 생활 수준 quality of life 삶의 질

noble 숭고한 superficial 피상적인 shallow 얄팍한 harsh 가혹한 bountiful 풍요로운

meaningful 의미 있는 worthy 가치 있는 helpful 도움이 되는 fruitful 생산적인, 유익한

anachronizing 시대착오적인 conducive to ~에 도움이 되는, ~에 이바지하는

nihilistic 허무주의적인 inevitable 필연적인 inherent 본질적인

spiritually awakened 영적으로 각성된 realize one's ideal 이상을 실현하다

barely make ends meet 하루하루 겨우 먹고살다

compromise with reality 현실과 타협하다 go with the flow 순리에 맡기다

contribute to ~에 기여하다 be the light of someone's life ~의 인생에 빛과 같은 존재이다

risk life and limb 사활을 걸고 하다 screw up one's life 신세를 망치다

form opinions 소신을 갖다

정치관

040

선거와 투표   040-1

go to the polls 투표하러 가다

💬 I just go to the polls as it is my civic duty.
　　시민으로서 의무이기 때문에 전 투표하러 가요.

civic
시민의

vote for ~에게 투표하다

💬 I voted for Trump because he was the better choice for me.
　　트럼프가 제게는 더 나은 선택이라서 트럼프에게 투표했어요.

vote against ~에 반대하여 투표하다

💬 I voted against Trump, but I'm not rooting for the Democrats either.
　　트럼프에 반대 투표했지만 그렇다고 민주당을 지지하는 것도 아니에요.

root for
~을 지지하다

swing voter 부동층

💬 I am rather a swing voter, and I only cast votes based on each candidate, not a party platform.
　　전 부동층에 가까워요. 정당 강령이 아니라 각 후보자에 의거해 투표를 하거든요.

정치 성향

the silent majority (중도 혹은 보수의 견해를 지녔지만 드러내지 않는) 침묵의 다수

💬 In my opinion, there has always been the silent majority.
　　제 생각에 침묵의 다수는 언제나 존재해 왔어요.

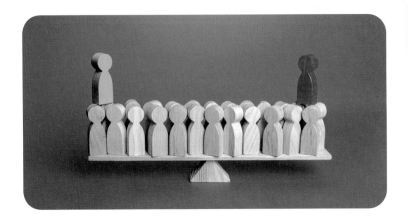

leftist, left-winger 좌파

💬 Once I was a leftist, but I switched sides, and I am a moderate conservative now.

한때는 좌파였는데 노선을 바꿔서 현재는 온건 보수파예요.

rightist, right-winger 우파

💬 I am a rightist since I am favorably disposed towards the policies of the right wing.

전 우익 정책에 더 호감을 갖고 있기 때문에 우파예요.

political leaning 정치적 성향

💬 I am with a more leftist political leaning, but my girlfriend is the opposite.

전 좀 더 좌파 정치 성향이 있지만 여자 친구는 저랑 반대예요.

registered ~의 당적을 가진

💬 Even though I am a registered Republican, I am critical of the GOP.

전 공화당 당적을 가진 사람이지만, 공화당에 대해서는 비판적이에요.

Republican
공화당원

GOP
미국 공화당
(= Grand Old Party)

progressive 진보주의자

💬 I am a left-wing progressive and advocate for gun restrictions.

전 진보 좌파로, 총기 제한을 지지해요.

advocate for
~을 지지하다

LEFTIST | RIGHTIST
LIBERAL | CONSERVATIVE
DEMOCRAT | REPUBLICAN
MODERATE | RADICAL
DOVISH | HAWKISH

liberal socialist 자유주의적 사회주의자

💬 As a liberal socialist, I prioritize social justice, equal opportunity, and a fair distribution of resources.

자유주의적 사회주의자로서 전 사회 정의, 평등한 기회, 자원의 균등한 분배를 최우선시하지요.

attend a rally 집회에 참가하다

demonstration
데모

💬 I attended rallies and organized demonstrations in my 20s as I was a leftist.

20대 때는 좌파였어서 집회에 참가하고 데모를 조직하기도 했어요.

participate in a candlelight rally
촛불 집회에 참여하다

💬 I participated in the candlelight rally, which was held downtown.

시내에서 열린 촛불 집회에 참가했어요.

(정치)

be interested in politics 정치에 관심이 있다

💬 Most of my friends aren't interested in politics.

친구들 대부분이 정치에 관심이 없어요.

not at all
전혀 ~하지 않는

claim to be
~라고 주장하다

💬 I am not at all interested in politics, but I know political parties aren't what they claim to be.

정치에 전혀 관심이 없지만 정당들이 자신들이 그렇다고 주장하는 그런 정당이 아니라는 건 알아요.

hot-button issue 뜨거운 쟁점

💬 Economic inequality is a hot-button issue in politics.

경제적 불평등이 정치의 뜨거운 쟁점이죠.

checks and balances 견제와 균형

💬 I don't think checks and balances in government make sense.

전 정부의 견제와 균형이 이치에 맞는다고 생각하지 않아요.

presidency 대통령직

💬 I was shocked when I found out Biden won the presidency.
바이든이 대통령에 당선되었다는 것을 알았을 때 충격받았어요.

crooked 부정직한

💬 I don't know whom to trust because there are so many crooked politicians.
부정직한 정치인들이 너무 많아서 누구를 믿어야 할지 모르겠어요.

propaganda (정치적으로 과장된) 선전

💬 I don't take what the government says at face value and I know most propaganda is lies.
정부가 말하는 걸 액면 그대로 받아들이지 않고 대부분의 선전이 거짓말이라는 걸 알아요.

at face value
액면 그대로

campaign promises 선거 공약들

💬 No president has implemented all of his campaign promises, as far as I know.
제가 알기로, 어떤 대통령도 선거 공약 전부를 이행한 적이 없어요.

implement
실행하다

280

| 정치 성향 | liberal 자유주의자, 진보주의자 conservative 보수주의자 |
| | radical 급진주의자 populist 대중 영합주의자 extremist 극단주의자 |

투표	ballot 무기명 투표 poll 여론조사 ballot count 개표 primary 예비 선거, 경선
	scrutineer 투표 참관인 electoral college 선거인단 landslide 압도적 승리
	elect 선출하다 election 선거 suffrage 투표권 turnout 투표율
	election fever 선거 열풍 two-horse race 2인 경선 partisanism 당파심
	exit poll 출구조사

정치 & 정치인	lame duck (재선이 안 될) 임기 말의 정치인
	jam tomorrow (약속만 있을 뿐 결코 실현되지 않는) 행복한 미래
	class struggle 계급 투쟁(특히 마르크스 이론에서 묘사된 사회 내 계급 간의 대립)
	dove 비둘기파[온건파](전쟁보다 평화와 대화를 선호하는 정치인) (↔ hawk 매파)
	fearmongering 위험한 이슈 등을 퍼트려 불필요한 두려움을 일으키는 전술
	astroturfing 어떤 사안에 대해서 공적인 관계나 정치적인 캠페인을 이용하는 것
	the Green Party 녹색당(환경 문제를 중요시하는 당) jingoism 맹목적 애국주의
	media mogul 언론계 거물 mudslinging 중상모략 muckraking 사생활 캐기
	pro-choicer 낙태 합법화를 찬성하는 사람 (↔ anti-choicer 낙태 반대자)
	patriotic 애국적인 unscrupulous 부도덕한 corrupt 부패한
	hard-edged 철저히 현실에 입각한 shrewd 상황 판단이 빠른 deceitful 기만적인
	wayward 다루기 힘든 incorruptible 강직한, 부패하지 않은 prudent 신중한
	sectarian 종파주의적인 scheming 획책하는 rabid 과격한
	principled 원칙에 입각한 uncompromising 타협하지 않는 eloquent 능변의
	diplomatic 외교의 far-sighted 선견지명이 있는 blow over (소문 따위가) 사그라지다
	stand down (직책에서) 물러나다 crack down on ~을 엄히 단속하다, 소탕하다
	cover up 감추다 face up to ~을 직시하다
	win someone over ~를 자기 편으로 끌어들이는 데 성공하다 catch up 따라잡다
	keep a low profile 나서지 않고 은신해 있다 cut a fine figure 두각을 나타내다
	follow[toe] the party line 당의 정책을 따르다 turn a blind eye to ~을 눈감아 주다
	vote with one's feet 퇴장하여 반대 의사를 나타내다
	engage in ~에 관여하다 stonewall 의사 진행을 방해하다
	be on the take 뇌물을 받다

미래관/
장래 직업/희망

041

미래 표현 041-1

in the (near) future (가까운) 장래에

💬 I haven't figured out what I want to be in the future.
장래에 뭐가 되고 싶은지 아직 생각해 내지 못했어요.

💬 I want to live in a suburban area in the near future.
가까운 장래에 외곽 지역에서 살고 싶어요.

in + 숫자 + years ~년 후에는

💬 In 5 years, I hope to have a more important role at my current company.
5년 후에는 현재 회사에서 좀 더 중요한 역할을 차지하고 싶어요.

💬 I will be more financially stable in 10 years.
10년 후에는 재정적으로 좀 더 안정될 거예요.

sooner or later 조만간

💬 All of us, including myself, are destined to die sooner or later.
저를 포함해 우리 모두는 조만간 죽을 운명이에요.

by the time ~ 즈음에

💬 When I was in high school, my dream was to have a family by the time I was 35.
고등학교 시절 내 꿈은 35세쯤에는 가정을 꾸리는 거였어요.

pursue 추구하다, 밀고 나가다

💬 I want to pursue a career as a writer.
전 작가로서의 경력을 추구하고 싶어요.

self-employed 자영업자가 되는

💬 I want to start a business and be self-employed.
사업을 시작해서 자영업자가 되고 싶어요.

work-life balance 워라밸

💬 I want to maintain a work-life balance. I don't want to be overwhelmed with work.
직업과 생활의 균형을 유지하고 싶어요. 일에 치여서 살고 싶지 않아요.

sacrifice 희생하다

💬 I don't want to sacrifice my family life for a career.
직업 때문에 제 가정생활을 희생하고 싶지는 않아요.

make a career change 직업을 바꾸다

💬 I am planning to make a career change and study law.
직업을 바꿔서 법을 공부할 계획이에요.

be about to
막 ~하려고 하다

start a new chapter 새로운 장을 열다

💬 I am about to start a new chapter in my career as a graphic designer.
그래픽 디자이너로서 직업의 새로운 장을 열려는 참이에요.

work from home 재택 근무하다

💬 I want to earn a decent living by working full-time from home.
풀타임으로 재택 근무하면서 번듯하게 돈을 벌고 싶어요.

feel lost 길을 잃은 느낌이다

💬 I feel lost when it comes to my career. I don't know how to get myself back on track.

직업 면에서 전 길을 잃은 것 같아요. 어떻게 다시 제 궤도로 돌아와야 할지 모르겠어요.

back on track
다시 제 궤도로

be confused about ~에 대해 헷갈리다

💬 I am confused about my future career options as I have so many interests.

관심사가 너무나 여러 가지라서 미래 직업 선택에 대해 헷갈려요.

미래의 희망과 절망

get ahead of oneself 미리 김칫국을 마시다

💬 I don't want to get ahead of myself, but I think I am going to be promoted in a few years.

김칫국부터 마시고 싶지는 않지만, 몇 년 안에 저 승진할 것 같아요.

shred of hope 일말의 희망

💬 I am hanging onto a shred of hope myself that something good might happen.

뭔가 좋은 일이 일어날지도 모른다는 일말의 희망에 매달리고 있어요.

live up to ~의 기대에 맞춰 살다

💬 I will definitely not try to live up to society's expectations. I will live my life to the fullest.

사회의 기대에 부응하여 살아가려고 하진 않을 거예요. 전적으로 제 인생을 살 거예요.

to the fullest
완전히

light at the end of the tunnel 터널 끝의 빛(쓰라린 절망 뒤의 광명)

💬 Even in the darkest moments, I try to focus on the light at the end of the tunnel.

가장 암담한 순간에도 전 터널 끝의 빛에 집중하려고 해요.

give in to despair 절망에 굴복하다

💬 I won't give in to despair no matter what happens.

절망한다 해도 전 절망에 굴복하지 않을 거예요.

reach a tipping point 정점이나 한계점에 도달하다

💬 In my opinion, the climate change will reach a tipping point and become an imminent threat.

제 생각에, 기후 변화가 한계점에 이르러 목전의 위협이 될 거예요.

give up on ~을 포기하다

💬 I don't want to give up on my dreams and live a normal life.

전 제 꿈들을 포기하고 평범한 삶을 살고 싶지 않아요.

motivation 동기부여

💬 I've lost motivation to do anything in life. I don't have any goals.

인생에서 뭔가를 하겠다는 동기를 상실했어요. 목표가 아무것도 없어요.

be fed up with ~에 진력이 나다, ~에 싫증나다

💬 I am getting in and out of jobs. I am fed up with my life. I feel like a loser.

전 직장도 있다 없다 해요. 제 인생에 진력이 났어요. 전 낙오자가 된 기분이에요.

expectation
기대

gap 갭, 간격

💬 I know there is a gap between expectation and reality.

기대와 현실 사이에 갭이 있다는 걸 저도 알죠.

미래

plan to ~할 계획이다   intend to ~할 작정이다   be going to ~할 것이다

be on the point of ~할 직전에 있다   be around the corner 목전에 있다

think ahead to the future 장래 일을 미리 생각하다

plan in advance 미리 계획하다

fall short of one's expectations 기대에 어긋나다, 기대에 못 미치다

Time will tell. 시간이 지나야 알 수 있다.

Time will heal all wounds. 시간이 약이다.

as planned 계획대로

against the clock 시간을 다투어

희망

have something to live for 살아갈 목표가 있다

pin one's hopes to ~에 희망을 걸다

have a bright future ahead 앞날이 창창하다

have not an earthly chance[hope] to 희망이 전혀 없다

follow one's passion 열정을 따르다

strong ambition 당찬 포부

hopefully 바라건대   hopeless 절망적인

죽음에 대한
생각

042

물리적 죽음 042-1

die 죽다

💬 I wish I could die peacefully.
전 평화롭게 죽고 싶어요.

pass away 죽다 (die의 순화어)

💬 My dad passed away when I was very young.
아빠는 제가 아주 어렸을 때 돌아가셨어요.

die of ~ cancer ~암으로 죽다

💬 My grandma died of breast cancer. She underwent surgery and chemotherapy, but it spread to every organ.
저희 할머니가 유방암으로 돌아가셨어요. 수술도 받고 항암 치료도 받았지만 모든 장기에 암이 퍼졌죠.

die in a car accident 자동차 사고로 죽다

💬 My uncle died in a sudden car accident.
삼촌이 갑작스러운 자동차 사고로 죽었어요.

death 사망, 죽음

💬 I don't like watching death scenes in the movies.
전 영화에서 죽음과 관련된 장면을 보는 게 싫어요.

dead 죽은

💬 Nietzsche says that God is dead. Is it true?
니체는 신은 죽었다고 하잖아요. 사실인가요?

be killed 살해되다

💬 I was shocked to learn that many babies had been killed by their parents.

많은 아기들이 자신의 부모에게 살해당했다는 걸 알고 전 충격을 받았어요.

be stabbed to death 칼에 찔려 살해되다

💬 Yesterday I heard the news that a woman was stabbed to death on her way home.

어제 한 여성이 귀갓길에 칼에 찔려 살해되었다는 뉴스를 들었어요.

choke to death 질식사하다

💬 I got a lump of rice cake stuck in my throat, so I almost choked to death.

떡 한 덩어리가 목에 걸려 거의 질식사할 뻔했어요.

[죽음 그 이전]

mortal 죽을 운명의

💬 I don't understand why people don't want to be mortal.

왜 사람들이 죽을 운명이 되기 싫다는 건지 이해가 안 가요.

immortal 영원 불멸의

💬 Living forever doesn't sound great. Why do people want to become immortal?

영원히 사는 건 근사하게 들리지 않아요. 왜 사람들은 영원히 살고 싶어 하죠?

💬 Human beings are not immortal but only God is.

인간은 영원히 살 수 없고 신만이 영원히 살 수 있어요.

life expectancy 수명

💬 I am not afraid of death, but I am afraid of living too long because life expectancy in general has increased.

전반적으로 수명이 늘어났기 때문에 죽는 게 걱정이 아니라 너무 오래 살까 봐 걱정이에요.

true to oneself 자신을 속이지 않는

💬 I should have lived a life true to myself.

자신을 속이지 않는 삶을 살 걸 그랬어요.

prepare for
~을 준비하다

detach 떼다, 분리하다

💬 I will try to detach myself from worldly desires to prepare for death.

죽음을 준비하기 위해 전 세속적 욕망에서 저를 떼어 내려고 할 거예요.

life insurance 생명보험

💬 I bought a life insurance policy for my daughters.

딸들을 위해 생명보험증서를 구입했어요.

take out an insurance policy on
~에 대해 보험을 가입하다

💬 With my approval, my wife took out a life insurance policy on my life.

아내가 내 동의를 받고 내 생명보험을 들었어요.

full of misery 지독히 비참한

💬 To live a life full of misery is much better than to be dead.

개똥밭에 굴러도 이승이 낫지요.

be destined to die 죽을 운명이다

💬 Sometimes I feel that I am destined to die soon because my sister died young.

언니가 젊어서 죽었기 때문에 때론 나도 곧 죽을 운명이구나라고 생각해요.

funeral 장례식

💬 I couldn't attend my grandma's funeral as I was abroad.

해외에 있어서 전 할머니 장례식에 참석하지 못했어요.

grave 무덤, 산소

💬 I visit my grandparents' graves twice a year.

조부모님 산소를 일 년에 두 번 방문해요.

cemetery 공동묘지

💬 My grandfather was a veteran and buried in the national cemetery.

할아버지가 참전용사여서 국립묘지에 묻히셨어요.

gravestone 묘비

💬 Please put "I am happy here." on my gravestone.

제 묘비에 "여기에서 행복해요."라고 적어 주세요.

epitaph 묘비명

💬 The best epitaph I've ever heard is "Free at last. Free at last. Thank God Almighty. I'm free at last." by Martin Luther King Jr.

들어 본 것 중 최고의 묘비명은 마틴 루터 킹 목사의 "마침내 자유다. 마침내 자유다. 하느님 감사합니다, 마침내 자유다."예요.

bury (땅에) 묻다

💬 I want to be buried next to my husband when I die.

죽으면 제 남편 옆에 묻히고 싶어요.

cremate 화장하다

💬 I prefer to be cremated rather than buried.
전 매장보다 화장하는 걸 선호해요.

inurn
납골함에 넣다

💬 My mom was buried, but my dad was cremated, and his ashes were inurned.
엄마는 땅에 묻었고, 아빠는 화장해서 재는 납골함에 넣었어요.

eternal 영원한

💬 Death is not the end but the beginning of eternal life.
죽음은 끝이 아니라 영원한 생명의 시작이에요.

inheritance 유산

💬 I received a large inheritance from my grandmother, who just passed away.
얼마 전 돌아가신 할머니께 큰 유산을 받았어요.

after a traumatic loss 정신적 쇼크를 초래하는 (사랑하는 이의) 죽음을 겪은 후에

💬 It's hard to move forward after a traumatic loss.
정신적 충격을 주는 죽음을 겪은 후에 삶을 제대로 살아가는 건 힘들어요.

죽음 이전	draw up a will 유언장을 작성하다 yearn for ~를 절실히 그리워하다, 동경하다
	starve to death 굶어 죽다 kill oneself 자살하다(= commit suicide)
	bite the dust 죽다, 헛물켜다
	listless 무기력한 absent-minded 멍한
	as dead as a doornail 완전히 죽은 at death's door 죽음의 문턱을 오가는

죽음 이후	emotional turmoil 정서적 혼란 bereaved 유족, 사별 당한
	bereavement 가족의 사망 grief 슬픔 a sense of guilt 죄책감 denial 부인
	hallucination 망상 withdrawal 위축, 고립
	mourn 죽음을 애도하다 grieve the loss of someone ~의 죽음을 슬퍼하다
	console someone for the loss of… …의 죽음에 ~를 위로하다
	Rest in peace! 고이 잠드소서! I'm sorry for your loss. 고인의 명복을 빕니다.

질병	angina 협심증 arrhythmias 부정맥증 heart attack 심장마비 stroke 중풍
	lung cancer 폐암 prostate cancer 전립선암 thyroid cancer 갑상선암
	colorectal cancer 결장암, 대장암 carcinoma of the bronchus 기관지암
	hepatitis 간염 asthma 천식 pulmonary emphysema 폐기종
	dementia 치매 Alzheimer's 알츠하이머 diabetes 당뇨병 flu 독감
	pneumonia 폐렴 inflammation 염증 nephritis 신장염
	chronic 만성의 acute 급성의 contagious 전염성이 있는

INDEX

인덱스

본문에 나온 표현들을 가나다 순으로 정리했습니다.
유닛 끝에 나오는 기타 표현은 인덱스에 나오지 않습니다.

ㄱ

296

ㄴ

┃ ㄷ

300

ㄸ

ㄹ

304

▌ㅂ

▌ ㅃ

∎ ㅅ

INDEX

■ ㅆ

■ ㅇ

INDEX

314

ㅈ

ㅊ

▎ㅌ

ㅍ

▌ㅎ

326

▌기타